犁与剑 **国防经济系列学术专著**

军民科技
协同创新网络

JUNMIN KEJI

深入分析政府在知识协同创新、产业资源整合、金融资源汇聚中
与创新主体的相互作用

XIETONG CHUANGXIN WANGLUO

戚 刚 ◎ 著

金盾出版社

JINDUN PUBLISHING HOUSE

内 容 提 要

本书聚焦军民科技协同创新网络运行的核心链条环节，构建了"知识链—产业链—资金链"三个维度的运行机制分析框架，以政府作为参与主体，将政府作用有机嵌入军民科技协同创新网络的微观运行机理中去，深入分析了政府在知识协同创新、产业资源整合、金融资源汇聚中与创新主体之间的作用，为开展协同创新网络理论研究提供了全新的视角。

图书在版编目（CIP）数据

军民科技协同创新网络 / 戚刚著 . —北京：金盾出版社，2024.9
（犁与剑国防经济系列学术专著）
ISBN 978-7-5186-0678-8

Ⅰ . ①军… Ⅱ . ①戚… Ⅲ . ①技术革新—研究—中国 Ⅳ . ① F124.3

中国国家版本馆 CIP 数据核字（2023）第 228819 号

军民科技协同创新网络

（犁与剑国防经济系列学术专著）

戚 刚 著

出版发行：金盾出版社	开	本：710mm×1000mm　　1/16	
地　　址：北京市丰台区晓月中路 29 号	印	张：14	
邮政编码：100165	字	数：170 千字	
电　　话：（010）68214039	版	次：2024 年 9 月第 1 版	
（010）68276683	印	次：2024 年 9 月第 1 次印刷	
印刷装订：北京凌奇印刷有限责任公司	印	数：1 ～ 1500 册	
经　　销：新华书店	定	价：78.00 元	

总　　序

国防经济研究源远流长。战争，不仅是敌对双方在战场上进行的军事对抗，同时，也是在经济、政治、文化、外交等各方面的全面较量。国防、战争与经济俨然呈现为一个复杂巨系统，共生演化，交织涌现。国防经济学作为军事科学和经济科学的交叉学科，是研究战争和国防建设资源配置效益的知识体系。现代以来，从国外《战争的政治经济学》《战时经济学》《总体战争论》《核时代的国防经济学》，再到我国《论持久战》《抗日时期的经济问题和财政问题》《论十大关系》，众多经典论著共同筑成了人类国防经济知识星空的璀璨星系。在战争和防务活动实践的牵引下，世界大国皆把国防经济学作为一门严肃的学科进行研究。

新中国国防经济学科建设发轫于战略科学帅才的前瞻擘画。1985年召开的第一次国防经济学讨论会正式拉开了新中国国防经济学科建设发展的序幕。著名战略科学家钱学森在会上提议，针对我国缺少研究国防经济学、搞国防经济、搞国防科技工业的管理人才的实际，有必要建立一门把马克思主义的基本原理同中国实际相结合的国防经济学，同时还提议在国防科学技术大学等高校成立国防经济学专业。在这一战略设计下，我国国防经济学一度得到较快发展，包括国防大学、国防科技大学、原军事经济学院以及中央财经大学在内的机构或高校，在应用经济学领域建设国防经济重点学科，在基础理论、政策制度、重大现实问题研究以及研究生培养等方面都取得了丰硕成绩。

新时代国防经济蓬勃发展。在习近平新时代中国特色社会主义思想和习近平强军思想的英明指导下，国防经济发展呈现出全新态势，为贯彻总体国家安全观、建设世界一流军队提供了重要支撑，也对国防经济基础理论建设提出了新要求。一是紧盯新变局。世界大变局加速演进，中美战略博弈相持，新一轮科技革命和军事革命日新月异，战争制胜观念、制胜要素、制胜方式都在发生重大变化，国防经济研究务必紧盯科技之变、战争之变、对手之变，把智能化时代国防建设和战争经济的特点规律作为核心议题。二是拥抱新范式。主动适应"理技融合"客观实在需求，积极拥抱概念开发、场景驱动、组合演进、群智涌现、复杂性科学等全新科研理念，把科学原理、技术发展、军事理论等融合创新，实现范式转变。三是应用新工具。积极推开知识图谱、机器学习、因果推断、计量分析、仿真模拟、试验验证等数据密集型先进科研工具，用好开源创新平台、挑战赛等分布式、众创式、泛在式协同创新新模式，实现高质量发展。

"青年者，国家之魂。"《犁与剑国防经济系列学术专著》以一批青年学者博士学位论文为基础，经过多轮次迭代打磨提炼升华，终于得以出版。每一本著作都是新一代青年国防经济学者顺应时代之变、范式之变、工具之变的有益探索；是新一代青年国防经济学者"指点江山，激扬文字"的奋进之力、活力之源的淋漓展现；也是新一代青年国防经济学者面向未来、回答时代之问的内心最强音。我们相信，随着这批青年学者在本领域研究的继续深入，随着更多青年学者加盟到本领域接续努力奋斗，国防经济学学科与学术必将再次繁荣，国防经济学也必将会在强国强军推进民族复兴伟业中发挥更大的作用。

卢周来

2024 年 3 月于北京

前　言

在全球化和信息化的发展浪潮中，国家之间的竞争已不是单一经济实力或是军事实力之间的较量，而是以科技、产业、军事、经济实力为核心的兼顾安全与发展的综合国力之间的比拼。着眼国家安全与发展需求，实施创新驱动发展、军民深度融合发展等战略，适应科技、产业、军事交叉式融合的发展形势，推动社会生产力和军队战斗力的生成方式向质量效益型转变。推动军民科技协同创新发展是贯彻落实创新驱动发展和军民深度融合发展战略、促进经济建设和国防建设融合发展的重要方面。

军民科技协同创新网络运行效益涉及国家国防建设和经济建设的双重发展目标，既符合一般协同创新网络的运行规律，同时有自身的运行特点。一是创新参与主体更加多元，包括了政府、军队、企业、院校科研机构，其中企业和院校科研机构面临"双重身份认知"以及政府的政策工具差异。二是军民科技协同创新网络作为国家安全制度设计中的重要一环，要体现国家意志、发挥政府和军队协同作用，本质上是一种国家制度安排，与一般性的基于利润驱动的市场化协同创新网络有所区别，国家意志和政府规制的介入更加强烈。

本书聚焦军民科技协同创新网络运行的核心链条环节，构建了"知识链—产业链—资金链"三个维度的运行机制分析框架，并在区域层面上分析"知识链—产业链—资金链"之间的相互作用，为开展协同创新网络理论研究提供了一个新的视角。基于军民科技协同创新网络与一般性协同创新网络之间的特性区别，以政府作为参与主体，深入分析了政府在知识协同创新、产业资源整合、金融资源汇聚中与创新主体之间的相互作用，将政府作用有机嵌入到军民科技协同创新网络的微观运行机理中去。同时，综合运用协同创新、创新网络、政府作用与市场作用等理论，通过规范分析与案例分析相结合的分析方法，对"知识链—产业链—资金链"开展系统研究。

知识链是推动军民科技协同创新发展的动力引擎。国有军工企业、"民参军"企业、院校科研机构等军民创新主体之间相互作用，通过知识协同需求生成阶段、知识协同伙伴选择阶段、知识协同有机运行阶段、知识协同目标实现阶段四个环节最终实现知识的价值增值。本书分别建立委托代理模型和演化博弈模型分析了知识链运行的激励机制和演化进程，政府在军民创新主体开展知识协同的过程中发挥着激励和监督作用，并与军民创新主体共同承担创新风险。本书以××大学的知识协同实践作为案例，分析了其知识协同路径、知识协同的影响因素以及政府在知识协同中发挥的作用。

产业链是推动军民科技协同创新发展的主体力量。产业链的发展分为纵向演变、横向演变和网络化演变三个进程。随着产业链分工的进一步深化，产业链基于比较优势形成更加具有生产效率的模块化产业组织模式，军民科技协同创新网络的产业链呈现纵向一体化的分离和横向产业联盟加强的趋势，最终形成全要素流动、高效益的模块化产业组织模式。本书以××军工企业的产业链演变过程作为案例，分析了国有军工集团的产业组织模式从单一的集团内部提供到形成跨越军、民界限的分工生产网络的发展脉络。

资金链是推动军民科技协同创新发展的重要保障。政府通过财税金融政策与市场作用机制下的银行、风险投资机构等资金供给主体共同参与对国有军工企业、"民参军"企业、院校科研院所等发展所需资金的供给。资金供给主体与资金需求主体之间的相互作用形成资金链运行过程中的资金流动循环。本书以××银行的资金支持实践作为案例，分析了资金供给主体支持资金需求主体发展的路径方式，以及资金供给主体通过与政府开展合作建立有效的风险共担体系实现资本良性循环增值的过程。

最后，本书以绵阳市、中关村、深圳市三个区域为典型案例，分析了基于区域创新资源禀赋所形成的不同类型的军民科技协同创新网络区域发展模式。绵阳市基于产业链的发展基础，带动资金链供给模式的创新和知识链创新资源的扩大，形成产业链单一主导型的发展模式。中关村知识创新资源、产业资源和金融资源丰富，培育以独角兽企业为代表的新经济发展引擎，形成了"知识链—产业链—资金链"三链耦合综合型的发展模式。深圳市依托自身产业链发展、资金链运行体系的优势带动知识链的发展，成为新型科研机构的集聚区，形成了"产业链—资金链"互补牵引主导型的发展模式。

目　　录

| 第 一 章 |

绪　论

第一节　研究背景和研究意义

当前，在全球化和信息化的发展浪潮中，科技革命、产业革命和军事革命发生深刻变化，国家之间抢占科技、产业和军事高地的竞争更加激烈，国家之间的竞争已不是单一经济实力或是军事实力之间的较量，而是以科技、产业、军事、经济实力为核心的兼顾安全与发展的综合国力之间的比拼。人工智能、新材料、生物等产业技术领域的革新突破成果不断涌现，军民两用技术成为其中的重要组成部分，推动新军事变革走向深入，迫切要求国防科技创新发展的有力支撑。国防科技创新发展通过对社会经济发展的带动力和对产业转型升级的驱动力，实现国家经济增长的高质量产出。着眼国家安全与发展需求，遵循创新发展的内在动力和规律，国家实施了推进军民科技协同创新发展的一系列政策举措，适应科技、产业、军事交叉式融合的发展形势，推动社会生产力和军队战斗力的生成方式向质量效益型转变。军民科技协同创新网络运行机制和效率效益涉及国家国防建设和经济建设，是国家安全与发展制度设计中的重要一环，也是新型举国体制创新制度安排的重要组成部分之一。

"两弹一星"、载人航天、探月工程等在举国体制的创新制度安排下取得了国家战略发展实力增长里程碑式的成功，对我国国防建设和经济建设均起到了重大的促进作用。"嫦娥四号"任务探索新型举国体制的有力实践，生动体现了国家主导作用和市场主体作用有机结合的创新制度设计，为研究创新理论提供了典型案例。探索构建新型举国体制，开展军民科技协同创新网络研究，明晰军民科技协同创新网络与一般性协同创新网络之间的内在特性区别和运行机理差异，是推动军民科技协同创新发展的基础性问题和科学性问题之一。

一、研究背景

一是军民协同发展由初步迈向深度阶段。组织管理体系、工作运行体系和政策制度体系深入推进，各领域融合发展迈向更高水平。《关于经济建设和国防建设融合发展的意见》出台，明确了军民深度融合包括"基础领域资源共享、先进国防科技工业、军民科技协同创新、军事人才培养、军队保障社会化、国防动员"六大体系建设，并推动建立一批军民结合、产学研一体的科技协同创新平台，组织开展军民技术转移工作，形成全要素、多领域、高效益的军民深度发展格局。组织管理体系的顶层设计深入推进，2017 年1 月，国家成立中央军民融合发展委员会，更好地汇聚中央政府、军队与地方政府的协同合力，统筹管理和推动相关战略举措落地和政策制度的顶层设计。党的十九大报告指出，要形成军民融合深度发展格局，构建一体化的国家战略体系和能力。党的二十大报告进一步明确，要巩固提高一体化国家战略体系和能力，加强军地战略规划统筹、政策制度衔接、资源要素共享。在当前这一发展阶段和发展环境下，有效激励产业、科技等各领域融合参与主体的体制机制设计亟待探索，宏观、中观、微观层面的各领域环节的运行机制、发展效益和投入产出效率需要追踪评估，迫切需要加强融合理论和融合实践的深入探索研究，开展军民科技协同创新网络研究是其中的重要方面之一。

二是创新驱动发展战略不断推进。美国经济学家熊彼特认为，创新就是要"建立一种新的生产函数"，涵盖产品、技术、市场、资源配置、组织五个方面。创新驱动发展理念是对熊彼特创新理论的继承和丰富，其核心要义是切实增强自主创新能力，使科技创新成为我国深入改革、转型发展的重要支撑。知识链、产业链与资金链三者的相互作用和相互关系，决定着能否打通科技成果转化为社会生产力的链条通道，决定着国家创新体系各子系统之间协同效能的发挥。中央政府和地方政府出台一系列相关政策制度，着力破解知识链、产业链与资金链三者之间无法有效衔接的瓶颈难点，在产业领域、科技领域、科技金融领域等构建更为高效的创新运行机制。军用与民用科技交叉融合发展的结合点越来越多，科技创新发展的内生动力和规律不断呈现，军民科技协同创新网络各军民创新主体之间的合作网络效应不断凸显，国防科技工业的创新发展深深根植于国家科技工业基础之上。开展军民科技协同创新网络研究，推动军民科技协同创新发展，有机连接知识链、产业链和资金链等创新链条，大力促进军民科技成果转移转化，有力提升军民两大创新系统的创新资源配置效益，有效助力创新驱动发展战略的加快落实。

三是政策制度创新迈向深入阶段。党的十八大以来，军民深度协同发展不断推进，中央政府、军队和地方政府高度重视，出台了一系列关于推动军民科技协同创新发展的政策举措，包含科技、产业、人才、资金等多个方面，着力推动军民两大创新系统创新要素的流动和融合。政策制度设计的内容既涉及市场机制在资源配置中的基础性作用，也涵盖政府机制在资源配置中的引导、鼓励和支持作用，推动军民科技协同创新发展向着更高效益、更高效率的方向迈进。除中央政府层面制定的政策措施外，成都市、浙江省、湖南省、贵州省等多个区域也都出台国防科技工业军民融合发展规划，制定相关产业、科技、土地、资金等方面的政策，加大对军民创新主体的支持力度。另外，在推动优秀民口创新企业积极参与国防市场竞争方面，各个区域创新政策支持方式，围绕参与军民科技协同创新项目进行资金奖励和配套资金拨付，协同政府相关科技管理部门、财政金融部门出台科技金融政策，并取得良好效果，优秀民口创新企业进入国防市场的数量和规模不断增大。国防建设与经济建设有机融合，国防经济发展的体制机制政策与国民经济发展的体制机制政策有机融合，推动军民科技协同创新发展的相关政策举措深深根植于国家治理体系和能力现代化的进程之上。在政策驱动迈向深入阶段，深入剖析军民科技协同创新网络知识链、产业链和资金链的运行机制，为更好制定政策措施提供理论依据。

二、研究意义

一是深入推动军民科技协同创新发展的需要。军民科技协同创新网络运行机制和效率效益涉及国家国防建设和经济建设的双重发展目标，既符合一般性协同创新网络的运行规律，又有自身的运行特点。协同创新参与主体更加多元，包括政府、军队、企业、院校科研机构、金融机构等，其中企业和院校科研机构面临"双重身份认知"。一方面，是它们在一般性协同创新网络中面临的，国有和民营所有制的差异以及体现出的政策工具差异；另一方面，由于军民科技协同创新发展涉及国防和军队建设，军队和军队科研机构必然要在其中发挥重要作用，因此主体间关系不仅有所有制差异，还要依据军口和民口的区别进行协同合作，这就使得军民科技协同创新网络面临的网络结构比一般性的协同创新网络更加复杂。同时，军民科技协同创新网络要体现国家战略发展意志，政府和军队在其中发挥的作用比市场化驱动的协同创新网络更加深入，与企业和院校科研机构的连接更加紧密。深入分析军民科技协同创新网络的特点特性，是更好推动军民科技协同创新发展的重要理论基础。

二是推动经济建设和国防建设协同发展的需要。推动军民两大创新系统的创新主体更好地参与武器装备科研生产，实现军民两大创新系统的耦合，形成更优化的国防科技工业产业布局和产业结构，使国防科技工业的跨越式发展建立在更加有力、更加有效率的国家工业基础之上。基于国防的特殊需要，国防科技在科技发展中发挥着引领作用，并逐渐应用到民用领域，带动经济社会发展。在军民一体化状态下，军用、民用科技领域有机互动，科技发展的引领作用既有可能是从军用科技领域"溢出"到民用科技领域，又有可能从民用科技领域"溢出"到军用科技领域，两者共同提高国家高科技产业的生产效率和技术进步速度[1]。我国多地设立的军民融合产业园区和军民结合产业基地等，与地方的产业发展和经济增长关系密切，形成了巨大的产业集群效应，形成了军民两大创新系统融合发展的良性循环，有力地推动了地方经济转型升级。但同时，部分区域在推动军民融合产业集聚的过程中，片面追求企业等创新主体的地理集聚，军民创新主体之间的互动作用不强，出现不同程度的"泡沫化"现象，培育发展新动能的机制不顺、动力不足。研究分析军民科技协同创新网络知识链、产业链和资金链的运行机理，更好地推动军民两大创新系统协同效应的发挥，统筹配置好军用和民用领域的创新资源，知识链、产业链、资金链相互联动、有机衔接，推动军民融合产业集群的形成，充分发挥其辐射和带动作用，对培育经济发展新动能、优化地方产业布局、提升区域产业核心竞争力具有重要意义。

三是加强供给侧结构性改革的需要。供给侧结构性改革是为适应我国经济发展进入新常态而提出的。经济增长正从高速转向中高速，经济发展模式正从规模速度型粗放增长转向质量效率型集约增长。原先单一依靠投资、消费、出口三驾马车的需求侧改革不能满足经济发展形势的需要，劳动力、土地、资本、制度创造、创新等供给侧要素的改革至关重要。军民两大创新系统之间，各具差异化优势的技术、人才、资本等要素资源的融合流动配置，拥有拓展生产要素范围的巨大潜力，也将产生效益更高的创新制度供给，将使创新供给侧与创新需求侧的对接更加高效，产生国家产业发展的新动能、新模式、新增量，带动产业向高端化发展，为国家经济增长提供高效能、高质量的发展引擎。推动军民科技协同创新发展，蕴含着国防科技工业跨越式发展和产业经济转型升级的新动能，是国民经济发展由"脱实向虚"迈向"脱虚向实"良性化创新驱动的重要引擎，也是供给侧结构性改革的重要方面之一。开展军民科技协同创新网络研究，分析其知识链、产业链、资金链的运行机理，旨在推进军民科技成果转移转化，优化军民两大创新系统的要素配置效率，激励科研人员创新热情，提升土地、资本、技术、知识等供给侧要素配置效率，优化区域产业结构、要素投入结构、经济增长动力结构和收入分配结构，对于加快供给侧结构性改革具有良好的促进作用。

四是提升我国创新政策制度运行效益的需要。国家创新制度安排的运行，一边连着国家发展的创新投入，一边连着国家发展的创新产出，其创新资源配置效益和效率影响着国家生产可能性曲线的拓展，关乎着国家综合实力在全球化竞争中的地位。创新政策制度设计是我国国家治理体系和能力现代化的重要方面，一直在改革的进程之中，如 2015 年度开始实施的国家重点研发计划，着力国家研发项目全链条创新设计、一体化组织实施，推动我国科技计划项目管理方式的科学化和专业化，在管理的源头上推动创新效率和资源配置效率的提升。我国在举国体制的创新制度安排下取得了国家综合实力的全面提升，进一步遵循创新发展的内在规律和时代内涵，集中力量、协同攻关，推动市场作用和政府作用有机结合，着力构建新型举国体制，以实现国家创新资源配置效益效率的最优解。国防科技工业创新发展的政策制度安排是国家创新制度的有机组成部分之一，开展军民科技协同创新网络研究，分析政府和市场两者作用于军民科技协同创新网络知识链、产业链和资金链的内在机制，实现针对国防科技工业创新发展的特点规律（不确定性、累积性、长期性）的政策链条设计，优化国防科技创新投资资金的决策机制与风险共担机制，提升军民科技协同创新网络的运行效率和效益，为国家创新制度设计的优化提供理论支撑。

第二节　相关概念界定与辨析

核心概念的界定与辨析是本书开展研究的基础性内容。根据本书的研究对象和内容，对国防科技工业和军民科技协同创新网络两个核心概念进行界定和辨析，为后续展开分析打下基础。

一、国防科技工业

国防科技工业，也称国防工业或军事工业，是国家科技工业基础的重要组成部分，在国家综合实力的构成中占有重要地位，既要满足国防发展需要，同时又承担着推动经济社会发展的任务。具体是指，从事武器装备、军事器材、军队生产用品以及国防生产所需特殊原材料的工业门类。随着科技、产业、军事革命的迅猛发展，军用、民用科技领域产生了协同发展的趋势，国防科技工业的内涵外延发生了相应的变化，涵盖的范围更大，既包含军品科研生产要素，也包含军民两用高技术产业。

国防科技工业定义和内涵的变化既与科技创新发展的内在规律和时代特点相关联，同时又与国家国防科技工业政策的改革调整分不开。新中国成立之初，国有军工企业集团为军品的供应商，民用经济部门为民品的供应商，两者很难产生交集，国防科技工业市场主体主要指国有军工企业集团。而后，我国实施"军转民"政策，国有军工企业集团开展"军转民"，既生产军品，也生产民品，现今民品产值占国有军工企业集团总产值一半以上，同时，民用经济部门中有部分优势民口创新企业进入国防市场，成为军品供应商，但数量和规模相对较小，使国防科技工业的内涵发生变化，国防科技工业市场主体包括国有军工企业集团和部分成为军品供应商的民口创新企业。再后，我国实施"军民结合寓军于民"政策，"军民融合"上升为国家战略，国防经济部门与民用经济部门两者的交叠点越来越多，民口创新企业已成为推动国防科技工业发展的重要组成部分。2017 年，国务院办公厅出台《关于推动国防科技工业军民融合深度发展的意见》，明确指出："形成小核心、大协作、专业化、开放型武器装备科研生产体系，建设中国特色先进国防科技工业体系。"

由此可以看出，国防科技工业的内涵定义具有动态性、开放性的特点。在推动国防科技工业发展的过程中，国防科技工业的开放性不断拓展，与民用科技工业的连接更加紧密，厚植于国家科技工业基础之上。

二、军民科技协同创新网络

协同创新网络是推动军民科技协同创新发展的重要途径。彭中文[2]、刘威[3]、陈华雄[4]、田庆锋[5]等不少学者对军民科技协同创新进行了研究，认为军民科技协同创新是一种资源配置整合模式，其主体构成主要包括国防部门、军民企业、地方政府、大学、科研院所等，强调军民两大创新系统的要素融合对接，资源配置整合的主要途径是协同创新网络，目标是推动国防科技工业创新组织模式的优化，实现国防效益与经济效益的双赢发展。军民科技协同创新网络的建设运行不仅直接与国防科技工业和国防科技创新发展紧密相关，还会产生新的创新资源配置方式和制度安排。军民创新主体开展军民科技协同创新形成的系列产出，短期反映在创新项目成果上，中期反映在国家的国防效益和经济效益上，长期反映在国家创新体制建设上[6]。

综合吸收借鉴学者们的研究成果，结合本书的研究重点，军民科技协同创新网络的定义是：聚焦提升国防科技创新资源配置效率效益，国有军工企业、"民参军"企业、院校科研机构、政府、军队、金融机构、科技中介机构等军民创新主体建立创新合作网络或合作联盟，优化知识链、产业链、资金链等创新链条组织模式，实现军民创新系统"1+1>2"的协同创新网络效应的资源配置方式。其主要有以下四个特点[7-8]。

一是复杂性。推动军民科技协同创新发展的过程本身就是一种复杂的组织现象，在这个过程中，军民两大创新系统的技术、资本、知识、信息等创新要素相互作用、互相流动，产生非线性效应。基于军民两大创新系统创新资源的优势互补，国有军工企业、"民参军"企业、政府、军队、金融机构等开展创新合作，不同类型的军民创新主体在军民科技协同创新网络中扮演的角色和作用各不相同，创新合作的方式多元、组织结构复杂。

二是动态性。军民科技协同创新网络的建设运行，是军民两大创新系统各创新主体开展创新合作，推动创新要素配置效率优化的动态过程。基于创新主体构成的多元性、利益诉求的复杂性，各创新主体之间的创新合作过程呈现出动态演化的特征。另外，不同类型的军民创新主体之间的互动作用还会受到外部政策制度环境的影响，随着国家相关政策制度的变化，创新要素之间的相互作用、互相流动也会产生一定的变化。

三是自增益性。在军民科技协同创新网络的运行过程中，军民两大创新系统各创新主体开展创新合作，形成多个子系统。多个子系统之间的相互协同作用产生大于各子系统之和的非线性效应，由简单无序的互动合作迈向有序稳定的合作态势，实现创新增值和自我发展。随着创新主体之间的创新合作进一步深入，形成一种更加完善的自组织协调机制，各创新主体的功能和作用得到更加有效的发挥，实现创新资源配置的整合优化。

四是双重目标性。实现国防效益与经济效益的双赢发展，是军民科技协同创新网络的建设运行目标，这种双重目标性是其有别于一般性市场化配置的协同创新网络的重要特点。在军民科技协同创新网络运行的过程中，其运行效率效益，既是市场机制发挥作用的结果，也是政府发挥作用有力推动的结果。双重目标的实现依赖政府作用与市场作用的有机结合，达到国防市场与民用市场双重拓展的结果。

第三节 研究内容、研究方法及研究思路

本书聚焦研究军民科技协同创新网络，分别围绕协同创新网络的三个核心链条"知识链—产业链—资金链"展开深入分析，并对更好地推动军民科技协同创新发展提出相应的思路对策。

第一章，"绪论"。阐述本书的研究背景、研究意义、关键概念辨析、主要内容、研究框架以及创新点等。

第二章，"理论基础与综述"。对军民融合、协同创新、创新网络、政府作用与市场作用的关系以及"知识链—产业链—资金链"五个方面的国内外研究成果进行了梳理和分析，并结合本书的研究重点，着重阐释了开展军民科技协同创新网络运行机理分析的理论基础。

第三章，"军民科技协同创新网络的总体框架分析"。军民科技协同创新网络涉及军口创新主体、民口创新主体、政府、军队、金融机构、中介机构等多个创新主体以及创新主体间的互动关联关系。本章从军民科技协同创新网络的网络核心主体构成、网络主体间互动关系以及网络要素链条构成三个方面，进行深入分析。

第四章，"军民科技协同创新网络知识链的运行分析"。本章深入分析军民科技协同创新网络知识链的运行机理、动力因素、激励机制、演化进程等，并以××大学的知识协同探索为案例，阐释军民科技协同创新网络知识链运行的理论与实践。

第五章，"军民科技协同创新网络产业链的运行分析"。产业链是推动军民科技协同创新发展的主体力量。本章主要分析了产业链纵向演变、横向演变和网络化演变三个进程。最后以××军工企业

的产业链演变过程为案例，分析了国有军工集团产业组织模式演变的发展脉络。

第六章，"军民科技协同创新网络资金链的运行分析"。本章从军民科技协同创新网络资金链的运行机理、运行模式、动力因素、路径策略四个方面展开分析资金供给主体与资金需求主体之间的相互作用过程。最后以××银行的资金支持实践为案例，分析资金供给主体通过与政府开展合作建立有效的风险共担体系实现资本良性循环增值的过程。

第七章，"三链互动的军民科技协同创新网络区域发展模式"。由于创新资源禀赋的不同，不同区域形成了不同类型的军民科技协同创新网络发展模式。本章基于三链互动的分析角度对军民科技协同创新网络区域发展模式进行了类型划分，并以绵阳市、中关村、深圳市作为典型案例，分析三种军民科技协同创新网络区域发展模式的形成过程。

第八章，"推动军民科技协同创新网络发展的对策建议"。从提升协同创新网络整体效能、打通协同创新网络关键节点、推进协同创新网络体制机制创新、完善协同创新网络保障体系建设等方面提出了推动军民科技协同创新网络发展的思路对策。

第九章，"结论与展望"。根据本书核心章节的分析结果，提炼出研究结论，并提出下一步进行深入研究的具体方向。

一、研究方法

1. 文献分析法

本书主要涉及军民融合、协同创新、创新网络等相关理论的研究，并对相关理论成果进行了细致的梳理分析。通过文献检索、跟踪、阅读和分析，熟悉理解国内外优秀研究成果，剖析本书研究的理论支撑。

2. 系统分析法

军民科技协同创新网络研究是一个全面系统的复杂过程，涉及开展军民科技协同创新的创新主体、要素链条等多方面因素的细致分析。本研究运用系统分析方法对军民科技协同创新网络知识链、产业链和资金链的运行机理和发展模式进行全面深入的分析研究，构建起整本书的分析框架，为本书核心章节的展开分析提供思路依托。

3. 跨学科分析法

军民科技协同创新网络研究涉及多个学科的知识理论，本书研究主要采用创新经济学、演化经济学、金融学等相关学科知识来剖析军民科技协同创新网络的运行机理和运行模式。

4. 演化博弈分析法

本书运用演化博弈分析法研究军民科技协同创新网络中政府、国有军工企业、"民参军"企业等多个军民创新主体之间开展协同创新的策略选择和决策路径，通过构建演化博弈模型，研究军民创新主体之间的迭代博弈进程，考察最优决策路径，并以此为依据提出相应的政策建议。

5. 案例分析法

在分析军民科技协同创新网络知识链、产业链和资金链的运行机制分析过程中，选取具有典型意义的协同创新案例进行细致研究，对实践分析与理论分析相结合进行进一步深化。

二、总体思路与框架

本书的基本研究思路如图 1 - 1 所示，对军民科技协同创新网络知识链、产业链、资金链三个核心创新链条的机理分析是其中的研究重点。

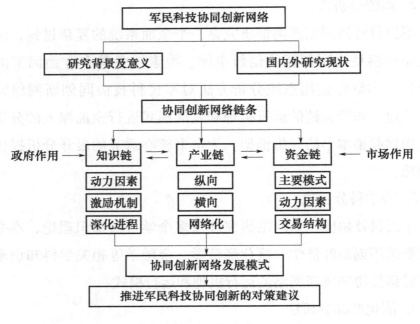

图 1 - 1　研究思路

第四节　主要创新点

本书从协同创新网络理论出发，研究军民科技协同创新网络的创新核心主体构成、军民创新主体之间的相互作用以及核心创新链条的运行机制。本研究采取规范分析和案例分析相结合的研究方法，分析军民科技协同创新网络知识链、产业链和资金链的运行机理和实践脉络，以绵阳市、中关村和深圳市推动军民科技协同创新发展的探索实践为例分析区域知识链、产业链、资金链之间的互动作用关系，并提出推动军民科技协同创新网络发展的若干对策建议。主要有以下几个创新点。

一是构建了"知识链—产业链—资金链"三个维度的军民科技协同创新网络运行机制分析框架，为开展协同创新网络理论研究提供了一个新的视角。军民科技协同创新网络的运行机制涉及国防科技创新发展的各个要素和各个环节，有很多学者都进行了研究分析，但多从军民两大创新系统互动的宏观视角开展定性分析，或是从军民创新主体之间相互作用的某一方面开展定量分析或案例分析，缺乏微观与宏观有机衔接的分析框架。本书聚焦军民科技协同创新网络运行的核心链条环节，构建了"知识链—产业链—资金链"三个维度的运行机制分析框架。知识链、产业链、资金链分别作为知识创新子系统、产业发展子系统和产业资本循环子系统组成了军民科技协同创新网络这一整体。本书同时分析了三个创新链条运行过程中军民创新主体之间的相互作用，以及在区域发展模式的形成过程中"知识链—产业链—资金链"三个创新链条之间的相互作用，形成"军民创新主体—创新链条子系统—协同创新网络系统"这样一个微观、中观、宏观有机统一的分析框架，拓展了协同创新网络理论的研究视角。

二是基于军民科技协同创新网络与一般性协同创新网络之间的特性区别，将政府作用的分析有机融入"知识链—产业链—资金链"三个维度的运行机理中去，为分析政府在协同创新网络中的角色定位提供了一个新的研究思路。军民科技协同创新网络的运行效率和效益涉及国家安全与发展，是国家安全制度设计中的重要一环，与一般性的基于利润驱动的市场化创新网络有所区别，国家意志和政府规制的介入更加强烈，具有实现国防效益与经济效益的双赢发展的双重目标性。本书基于"知识链—产业链—资金链"三个维度的研究框架，知识协同创新中国防科技创新具有国防应用价值和商业应用价值的双重拓展性，产业发展中军民创新主体的发展进程除受一般的科技产业政策影响外，受到国家国防科技工业政策的影响和塑造更加强烈，产业资本循环中政府以及国家相关发展战略、金融政策的贯彻执行主体在资金供需主体组成的金融交易结构中发挥着更为核心的作用，与一般性协同创新网络知识链、产业链、资金链的运行特点区分开来。本书以政府作为参与主体，深入分析了政府在知识协同创新、产业资源整合、金融资源汇聚等过程中与军民创新主体之间的相互作用，将政府作用有机嵌入到军民科技协同创新网络的微观运行机理中去，能够更具化地开展分析，提出具有针对性的对策建议。

三是综合运用军民融合理论、协同创新理论、创新网络理论、政府作用与市场作用理论，以及知识链、产业链、资金链理论，在军民科技协同创新网络"知识链—产业链—资金链"每个链条维度的分析中均采取规范分析与案例分析相结合的分析方法，深化理论与实践的融合，是对军民科技协同创新网络问题研究的方法创新。分析知识链时主要采用委托代理模型和演化博弈模型，分析产业链时采用产业组织理论、创新网络理论，分析资金链时采用资金链理论和科技金融相关理论，军民融合理论、协同创新理论和政府作用与市场作用理论在每个创新链条的分析中均有体现。本书在分析的同时还选取了具有代表性的协同创新案例，以××大学、××军工企业、××银行的探索实践为案例，系统分析"知识链—产业链—资金链"运行过程中军民创新主体之间相互作用的具体路径，研究方法具有一定的创新性。

| 第 二 章 |

理论基础与综述

开展军民科技协同创新网络研究主要涉及五个领域。一是军民协同理论，二是协同创新理论，三是创新网络理论，四是政府作用、市场作用以及两者之间的关系，五是知识链、产业链、资金链相关理论。本章将结合研究的重要问题，分别对五个理论领域的研究成果进行梳理和评述，为进一步对军民科技协同创新网络展开分析打下理论基础。

第一节　军民协同

第二次世界大战结束后，美国形成了军事能力与工业能力紧密关联的国家发展模式，战争的属性和特点也发生了一定的变化，不再仅仅是国家与国家之间的战争对抗，而是满足国家战略发展的需求，对国家经济社会发展的其他领域也产生重要影响。科技创新具有资金需求量大、不确定性强等特点，因此政府在其中发挥着重要的支撑作用，承担起资金支持和创新风险分担的角色。在企业、科研机构或个人获得政府资金支持和项目合约的过程中，创新是一种必需的市场手段。同时，技术创新的突破点，尤其是军事技术创新的重要突破点，对国家的整体发展战略具有重要的引导作用。在推进国防资源与经济资源融合发展的历史进程中，军民之间的相互作用不断发生变化，从"大融合、小分离"，走向"小融合、大分离"，再走向"大融合"阶段，是由经济基础、军事因素变革所引起的。

1960年，美国著名学者查尔斯·J. 希奇与罗兰·N. 麦基因运用经济学的思想和工具对核时代国防资源的配置问题进行了系统的研究，共同出版了《核时代的国防经济学》，这一著作标志着现代国防经济学作为一门完整的学科的诞生。而后，学者雅克·甘斯勒和林奇均研究了冷战结束后军工转轨的重要性以及军工转轨与经济资源配置之间的关系，发现转轨战略的重要方式就是军民一体化。1994年，美国国会技术评估局最早给出了"军民融合"的内涵，是指有效把握好国防科技工业基础与民用科技工业基础两者之间的相互作用关系，使两者能够有机结合，共同融合在国家科技工业基础之上。继而，国防 R&D 溢出效应、国防工业与民用工业融合发展的实现条件、国防效益与经济效益融合发展的实践案例等方面得到了深入的研究和分析。运用军民融合的途径来推动国防科技工业发展，提升国家发展的战略支撑，成为世界科技强国的重要模式。赵澄谋等研究了世界主要国家推动军民融合发展的路径方式，主要有"军民一体化""以民掩军""先军后民""以军带民"四种发展路径。

随着国家战略发展形势以及经济发展形势的变化，国防科技工业发展的资源配置的方式和效率不断发展变化。关于国防资源配置与民用资源配置的制度安排主要有四个阶段。第一个阶段是"军民分离"阶段，国防资源配置与民用资源配置的体制机制属于两个分离的层面；第二个阶段是"军转民"阶段，国防资源配置向民用资源配置转化；第三个阶段是"军民结合寓军于民"阶段，国防资源配置与民用资源配置有机结合；第四个阶段是"军民融合"阶段，国防资源配置与民用资源配置融合发展。随着我国国防科技工业改革的不断深入，国内学者聚焦国防科技工业发展的资源配置问题开展了深入研究，研究成果主要有政策制度体系、产业技术创新、产业的规模效应和经济效应、制度变迁与产业发展等方面。

一是政策制度体系方面。中国科技发展战略研究小组最早提出构建军民融合的国家创新体系，实现军民两大创新系统融合发展的路径模式。闻晓歌从制度变迁层次、主体和诱因等方面总结了"军民融合"制度变迁的特征和规律，并且分析了政府、军工企业、民用企业等主体在制度变迁过程中的路径依赖问题。贺新闻、侯光明深入考察政府和军队、国家研究院所和大学、企业、中介机构等创新主体在推动国防科技创新发展中的各自作用和相互关系，将四类创新主体分为宏观调控、科学创新、技术创新和创新服务四大功能模块，四大功能模块有机结合、相互衔接，并提出了更好地推动国防科技创新发展的组织协调机制，汇聚不同创新主体的协同效能。游光荣等从顶层设计、科技、人才、社会化保障等方面梳理了政策制度体系建设现状。王伟海、罗敏[9]从创新主体互动作用以及创新要素流动配置的角度分析了军民融合创新体系建设。联办财经研究院课题组从体系建设的角度分析了"军民融合"与"军民结合"的区别。

二是产业技术创新方面。梁清文、孟庆贵分析了国防科技工业改革过程中政府与军队的关系、政府行政管理与国有资产管理的关系以及政府行政管理与企业经营管理的关系三大关系，认为要以军民两用技术成果研发与转移转化以及产业链的相互关联为主线，汇聚院校科研院所等创新主体，深入推进"产学研用"一体，有力推动国防科技工业创新发展。史艳从工业动员领域推动军民融合发展出发，指出军民两用技术成果转移转化的双向溢出效应，能有效推进国防科技工业发展的转型升级，提升国家工业动员能力。谢劲龙、陈朝龙以国防科技创新的重要基地四川省为例，提出完善政策制度、搭建信息服务平台、丰富技术交易形式、拓展融资渠道等路径对策，为军民两大创新系统的创新合作提供重要保障。董晓辉等从战略导向、市场特性、行为主体等方面分析了创新驱动发展下军民两用技术成果转化的基本特征，同时基于参与主体、创新环节、组织方式三个方面研究了具体的转化模式。

三是产业的规模效应和经济效应方面。刘勇从金融体系支持军地科技协同创新出发，提出国家应采取相应政策举措，加大财政投入，完善支持国防科技创新发展的金融支持体系，推动国有军工企业和与国有军工企业开展军民两用技术开发的民口创新企业的上市融资，着力实现国有军工企业的投资主体多元化。李峰通过分析军队、政府和市场三者资源配置之间的相关作用关系，建立了相关理论模型，认为通过实现军队、政府、市场三者资源配置的有机统一，能够更加有效地提升国家资源配置效率，获得更大的经济效益。戴冬阳等从不同国家或同一国家不同时期采用不同的发展模式对军费开支利用效率产生的影响出发，进行建模分析，得出发展模式中军民融合程度与军事开支利用效率呈现正相关关系，同时也会对地方的经济发展效益产生很大的正向影响效应。顾建一[10]提出发挥区位优势、军事需求优势、军工基础优势、要素聚集优势、资源优势等来建设示范区。骆付婷[11]从要素、结构和功能三个维度分析了示范区建设模式。

四是制度变迁与产业发展方面。陈波、王克强等从制度变迁理论出发，总结了强制性变迁与诱致性变迁的不同特点，同时分析了国家在制度性变迁过程中的作用，主要有提供公正和安全的制度环境、提供正式制度安排、促进非正式制度生成、促进有效产权建立、扩大企业改革的制度选择集合等方面。胡红安、张成研究了制度变迁对产业结构的影响机理，以国防科技资源的重要集聚地陕西省为例，分析了产业结构调整中强制性制度变迁、相关制度缺失、路径依赖带来的影响，并提出了相应的政策建议。张允壮、曾立等分析了国防工业军民关系制度变迁与国防市场结构演进之间的相互关系，提出了我国国防工业的目标市场结构模式。章磊等分析了制度变迁的内外源性因素，提出了科技、产业领域的军民协同机制。

第二节　协同创新

协同学理论是研究复杂系统的一门学科。在一定的条件下，各个不同的子系统之间不断相互影响与作用，实现物质、能量、信息等要素的不断交换，在宏观上呈现出有序的状态，并具有一定自组织功能结构机理。其由德国物理学教授赫尔曼·哈肯发现并创立，后来广泛应用于物理、生物、经济学等多个学科，为解决复杂系统的特性和相互作用的问题，提供了新的视角。协同学理论的核心要义是从系统性的视角来分析开放复杂系统中不同子系统之间相互作用的机理以及形成的网络结构，由非线性的相互作用产生协同效应，实现从无序到有序的转变过程。不管这个开放复杂系统的初始状态是否偏离平衡态，在一定的条件下，都可以实现有序状态的宏观结构。协同学理论以信息论、系统论、突变论等现代科学理论为基础，与系统科学领域的"系统论、控制论、信息论"和"耗散结构论、协同论、突变论"联系紧密，是丰富和发展经济学理论研究的重要方法。

美国经济学家熊彼特最早提出"创新理论"一词，并对创新理论的内涵进行了深入阐释，为下一步更好丰富和深化创新理论研究奠定了良好基础。随着科学技术的快速发展，推动经济发展的生产要素组合更加多元，形成了以非线性创新行为理论的学说，创新组织模式随着创新环境的变化而发生变化。将协同学与创新理论联系起来理解技术、产业经济发展中的一些现象，解决实践中出现的现实瓶颈，出现了协同创新理论。本书聚焦研究军民科技协同创新网络，不同创新主体之间相互关联形成多个不同的子系统，深入分析军民科技协同创新网络不同子系统的作用机理以及影响网络运行绩效的核心因素，便是要寻找使不同子系统形成协同效应更好提升网络运行效率效益的手段和途径。下面主要从协同创新的内涵、协同创新评价以及博弈理论下的产学研协同创新分析三个方面开展综述。

一是协同创新的内涵蕴义方面。最早由美国麻省理工学院的彼得·格洛尔等给出协同创新的定义，指出协同创新包含三个要素，即开展协同创新的成员、合作的方式以及共同的目标愿景，最后达成协同创新的效果。张力[12]从推进协同创新的目标和方式出发，提出协同创新是不同类型的组织成员共同开展协同合作的系统工程，通过达成相关合作协议，开展不同形式的合作，建立以联盟为形式的合作网络。陈劲[13]从协同创新的目标、主体、组织模式、产生协同效应的方式出发，给出了协同创新的定义，着重强调不同类型的协同创新主体围绕重大科技创新形成深入合作、良好互动的网络创新组织模式，达成知识增值的效果，产生"1＋1＞2"的非线性效用。从协同创新到军民融合协同创新，不少学者进行了探索。董晓辉[14]以产业集群为关键节点，构建了战略、组织、制度与知识四位一体的军民融合协同创新概念模型。乔玉婷[15]等从军地两大创新系统的不同类型创新主体开展军民两用科技创新的组织形式出发，着重军民创新主体之间打破部门、区域、领域、行业门槛之间的壁垒开展协同合作，给出了军民融合协同创新的内涵定义。曹路苹[16]等从"自组织与他组织""开放性与封闭性""政府与市场"三个方面分析了军民科技协同创新发展的特征。

二是协同创新评价方面。协同目标、协同实施过程是建立指标评价体系的重要方面。托加尔等从创新主体开展协同合作时的信息流动、决策以及激励三个方面进行指标体系的构建，开展协同创新评估评价。菲尔宾建立了基于转换过程的协同创新评价模型。李林[17]等从协同创新能力、创新协同度与协同创新效益三个方面深入挖掘对应的指标内涵构成，建立了涵盖三级指标的评价体系，采用二元语义信息处理方法对某试验区的三个区域开展协同创新绩效评价，并对比了三个区域的评价结果。郭斌等基于区域资源耦合的视角，采用调查问卷以及独立访谈的方法获得相应的调查数据，设计出涵盖22个指标的评价体系，对京津冀三个区域之间的科技协同创新情况开展评价，并且根据协同创新绩效的演化轨迹提出了若干政策建议。周宾[18]深入研究影响协同创新能力的各种因素，建立影响因素结构模型，运用因子分析的方法分析有效样本数据，对影响因素的理论假设进行了验证。郝英杰等从知识能力的角度出发，建立了协同度指标体系。

三是博弈理论下创新主体之间的协同创新分析。博弈理论主要包括传统博弈理论和演化博弈理论。与传统博弈理论要求的决策主体完全理性设定和完全信息设定不同，演化博弈理论更加强调的是参与博弈的各个主体在有限理性设定下多个回合的互动博弈与动态平衡，这源于生物进化论，是分析协同创新过程中多个创新主体互动作用的重要手段之一。徐建中[19]等运用博弈理论对企业之间的协同创新博弈以及政府与企业之间的协同创新博弈两个方面进行了具体分析，得出创新主体在协同创新博弈过程中获得自身利益与协同利益最优化的实现条件，并且以黑龙江省的协同实践作为切入点开展了对应的实证分析。凌守兴[20]以高校和企业之间开展的产学研合作作为研究的切入点，运用演化博弈理论对两者之间的动态博弈进程进行了分析，得出合作成本与合作概率呈负相关关系，超额收益与合作概率呈正相关关系，且收益分配系数对合作概率的影响非单调，存在最优值。李巍、花冰倩[21]以企业、高校和投资机构三者之间的协同利益分配问题作为切入点，在建立利益分配模型时，加入社会网络结构特征系数作为修正，并以三家企业、两家高校以及两家投资机构为例进行算例分析，总结得出参与协同利益分配的各个主体应重视自身贡献与网络整体利益之间的关系，以实现自身利益与协同整体利益的最优化。张健[22]等以由政府、企业和高校三类创新主体组成的三重螺旋协同创新系统作为研究的切入点，运用演化博弈理论对三类创新主体之间的互动博弈和动态均衡进程进行深入分析，得出协同成本、协同收益、溢出效应和政府作用等影响因素与创新主体协同概率之间的相关关系，并提出了实现协同创新系统效益最优化的若干对策建议。

第三节　创新网络

创新网络理论主要研究创新网络成员企业之间的创新合作关系，最早由学者弗里曼提出。创新网络是关于创新网络成员企业之间联结合作的一种制度安排，以达成网络成员开展系统性创新行为的目标。而后，学者对创新网络开展了多个方面多个维度的深入研究。在本书对军民科技协同创新网络的产业链运行机理的分析中，涉及国有军工企业和民口创新企业共同组成创新网络，在产业链上紧密合作互动的过程。国防科技工业创新网络的结构特性与一般性的创新网络有所区别，既不是绝对的计划体制模式下的创新网络，也不是绝对的市场模式下的创新网络，而是由政府作用与市场作用双重影响的创新网络发展模式。围绕研究重点，下面主要对创新网络的结构和功能、核心企业与创新网络、创新网络演化的动因三个方面展开综述。

一是创新网络的结构与功能方面。结构与功能是创新网络研究的重点领域，多个学者运用定性研究与定量研究相结合的方法对此进行了深入分析。劳曼斯认为创新网络是一个动态、开放的复杂系统。克里斯蒂娜认为社会资本是驱动创新网络形成的内在要素。马尔贾和考恩研究了组织邻近性对创新网络生成的重要影响，两者呈现正相关关系，随着邻近性的不断变大，创新网络的结构紧密性不断增强。坎特纳、费舍尔、克拉特克利用实证分析的方法以专利合作网络为切入点，分析了创新网络结构形态的影响因素。汤姆从研发费用角度切入，研究研发费用与创新网络结构特性之间的相互关系，通过实证分析的方法，得出创新网络结构的特性中，网络成员企业的研发基金持有率与研发费用在创新网络中网络节点的重要性呈正相关关系。单海燕、王文平等从创新网络成员企业之间知识流动的视角切入展开研究，分析了网络成员间的互补程度以及知识整合效率两个方面的变化对创新网络结构形态产生的影响。

二是核心企业与创新网络方面。组成创新网络中的核心企业在网络节点连接上处于非常重要的位置，对创新网络的结构特性有重要影响。李金玉、阮平南[23]基于自组织理论的视角，在宏观层面

（组织理论）和微观层面（自组织理论）对战略网络展开研究，在此基础上，分析了核心企业在其中的重要作用，得出：核心企业是整个战略网络的中心节点，具有其他网络成员不可替代的作用，能够创造和引领网络成员合作的目标和商业模式，推动网络成员企业相互之间建立信任合作机制。王国红[24]等从创新网络成员中核心企业与其他企业之间的关系作为切入点展开研究，并分析了集群创新网络演化过程中的相关影响因素。项后军分析了创新网络成员之间的竞争关系和合作关系对集群创新网络演化的影响以及对网络成员中核心企业开展创新的影响，分析认为，网络成员之间的竞争关系对核心企业开展创新的作用曲线出现拐点，竞争关系增加到一定程度时，对核心企业开展创新的正向作用达到最大，而后呈负向作用，同时也分析了网络成员之间合作关系和竞争关系的共同作用下对创新网络中核心企业开展创新的影响和作用。王伟光等从知识溢出的角度研究了核心企业控制力问题，分析了核心企业对创新网络的具体影响作用。王建军等从知识转移的角度分析了核心企业在创新网络中的作用和影响。

三是创新网络演化的动因方面。在分析创新网络不断演化的动因方面，不同学者从不同的维度开展了深入的系统研究。一个视角是从创新网络的路径依赖演化作为切入点。鲍威尔将创新网络的结构变化的成因归于网络成员创新合作连接机制的变化。基姆提出了创新网络演化呈现路径依赖形式的本质原因，是原有网络成员之间的创新合作连接关系产生了很大的惯性力量，这种惯性力量在创新网络变换网络成员之间的合作关系或是与新的网络成员连接产生一种新的创新网络时，形成了很大的抵制和阻碍，称之为"网络惯性"。德米尔坎等也从相同的视角分析了网络惯性对创新网络演化形成路径依赖产生的重要影响，但同时认为其并未完全回答好创新网络的演化动因这一问题，并提出了回答创新网络演化动因的另一视角，即技术变革带来的突破式演化。技术的深刻变革对创新网络结构形态的影响并非可预测的，而是有陡然变化的形态产生。其中，技术的变化受科技的变化发展以及市场需求的变化发展影响。由此，创新网络演化动因研究，分为创新网络组织内部推动力对创新网络结构形态变化的影响研究和外部环境对创新网络结构形态变化的影响研究。石乘齐分别从知识权力和组织间依赖的角度建立了创新网络演化模型。

第四节　政府作用、市场作用以及两者之间的关系

军民科技协同创新网络运行效益涉及国家安全与发展，要体现国家意志、发挥政府和军队协同作用，在本质上是一种国家制度安排。政府作为国防市场的唯一购买方和唯一制度制定者，在军民科技协同创新网络的建设运行与创新资源配置过程中起到不可替代的作用。其中，涉及政府作用与市场机制之间的关系以及两者如何结合的问题。政府作用与市场作用如何更好地推动军民科技协同创新网络运行效率提升，是本书的重要切入点。下面主要从在创新驱动发展和经济增长中的政府作用、在风险投资中的政府作用、嵌入式理论视角下的政府作用、政府资源配置机制与市场资源配置机制之间的相互关系四个方面展开综述。

一是在创新驱动发展和经济增长中的政府作用方面。关于政府在创新驱动发展和经济增长中的作用和定位，以及产业政策的理论基石，不同学派的看法和立足点不同。"市场失灵"理论认为，市场失灵是由外部性、公共物品、信息不对称、竞争不充分的市场以

及委托代理问题引起的资源无效配置，政府的作用和定位是要纠正市场失灵，例如支持资源和资金通过市场配置难以流向的基础研究。"产出失灵"理论源自凯恩斯学派，认为资本主义具有内在的不稳定性，要通过政府经常性干预来避免私人部门支出不足带来的经济衰退。"系统失灵"理论源于演化经济学的资源创造理论，认为创新源自创新系统内部知识和信息的有效流动，政府需要加强知识基础并整合创新资源，促进经济行为者的知识创造、知识获取和创新活动等资源创造的行为。除上述三种理论，"企业家型国家"理论认为，国家可以在生产和创新中发挥企业家、风险承担者和市场创造者的"企业家型国家"的重要作用，同时，国家可以像投资人那样，通过下注于多样化的"投资组合"挑选赢家，实现国家国防利益与经济利益的双重增长前景，其中案例分析的重要部分列举了美国推动军民科技协同创新发展采取的很多政策和举措。这一理论又提出了使命驱动型创新政策的概念，政策的核心便是政府要在创新驱动发展中主动发挥作用，做好创新的风险承担者和引领者。

二是在风险投资中的政府作用方面。在国家的层面上，资源配置的流向是要推动着国家的生产可能性曲线不断向外扩展的，政府的决策很大程度上决定着生产可能性曲线扩展的范围和程度，政府总是探索着通过各种方式来提升政府投资效率。王雪青等从支持对象相同、投资目标相似、投资态度相似、资金实力相似、吸引社会资本的作用相似等五个方面分析了政府科技投入与天使投资在投向中小企业时存在着高度的趋同性，体现了政府的"天使"特性，由于政府不具有经济法人的资格，他们提出了建立国有天使投资平台的建议。曾航等将以无锡尚德为蓝本的人才引进模式案例作为切入点展开分析，认为政府不仅有科技创新发展服务者的角色，还作为投资者嵌入金融信用网络，在科技创业者的早期项目开展时投资资金，并制定出资金退出机制，在企业将要成功时退出，良好地推动了地方区域的发展。林毅夫、苏剑[25]在《新结构经济学》一书中提出的"增长甄别和因势利导"六步骤框架，从另一个侧面展开了分析，认为政府选定相应的产业进行扶持和采用相对应的产业政策来规定资金流向，也是在做一种风险投资，更进一步来评估风险和规避风险，其决策决定着区域生产可能性曲线扩展的程度和范围。苑泽明等[26]分析了世界典型国家政府风险投资产生作用的机制。郑联盛等分析了政府产业投资基金的主要模式、特征以及面临的功能异化问题，并提出了相应的政策建议。

三是嵌入式理论视角下的政府作用方面。嵌入式理论是研究政府作用的重要领域之一，政府通过制定相应的政策措施，有机嵌入到军民创新主体的互动作用中去，以实现更加有效的政策效果。毛有佳、毛道维等[27]从嵌入性视角探讨了财政资金如何有机嵌入到资金供给主体与资金需求主体之间的金融交易结构，从而改变金融机构投资科技型中小企业过程中风险与收益的不匹配关系，以达到政府为中小企业增信的目的，并以苏州科技金融的探索实践作为案例进行了具体分析。许鑫[28]以"嵌入边界—嵌入功能—嵌入方式"为线索分析共性技术创新过程中的政策嵌入路径，搭建政府采购政策嵌入的理论框架，并以三峡工程采购项目为例，对理论框架进行了实践验证，并提出政策采购政策机制的改进路径。陈劲等从嵌入性视角出发，以美国国防部重要的科研管理机构 DARPA 作为案例，分析政府、军队、企业、高校、项目经理人等创新行为主体有机嵌入到 DARPA 创新生态系统的具体运行过程，其中，DARPA 项目经理人起到了资源整合的核心作用。

四是政府资源配置机制与市场资源配置机制之间的相互关系方面。长期以来，政府资源配置机制与市场资源配置机制之间的相互关系和有机结合都是经济学研究的重点内容，基于国家发展而制定的产业政策是对政府作用和市场作用的认识的实践呈现。杜人淮分析了政府资源配置机制与市场资源配置机制在国防科技工业运行过程中的效用发挥问题，两者的效用发挥应当在国家战略发展的实际运行环境下，有效满足国防科技工业发展的特殊制度属性。席建成等系统梳理了产业政策理论研究成果，认为产业政策的理论研究在发展中受到主流经济发展思想和世界各主要国家的产业政策实践经验两个因素的深刻影响；产业政策在发展中，早期处于"替代市场"阶段，随着人们对市场认识和研究的深入，进入了"市场增进阶段"，再后来因为政府作用与市场作用可形成激励相容的条件，走向了产业政策与市场之间"条件共容"阶段。陈彦斌从宏观层面分析了改革开放三个阶段政府与市场发挥的主导作用。

第五节　知识链、产业链、资金链

军民科技协同创新网络聚焦研究军民两大创新系统之间的有机互动和资源配置方式效率，涉及军民两大创新系统之间知识、信息、资金、人才等要素的流动，以及军民两大创新系统各创新主体之间的合作创新与博弈共赢。学者们从创新链、知识链、产业链、资金链、人才链、政策链等方面展开了深入研究，这些要素链条均在军民科技协同创新网络中发挥着重要作用。本书构建了"知识链—产业链—资金链"的军民科技协同创新网络微观分析框架，知识链研究知识创新，产业链研究产业发展，资金链研究产业资本循环的过程，知识链、产业链、资金链有机互动，同时聚焦于政府在知识创新、产业发展、产业资本循环中推动形成长期良性发展机制的作用路径。之所以没将创新链、人才链、政策链纳入军民科技协同创新网络微观分析框架，是因为创新链与知识链的内涵基本相同，均是通过知识创新活动将相关的创新参与主体连接起来以实现知识价值增值的链状结构模式；人才链的构成中如专业技术人才、高级管理人才的价值体现是通过知识链、产业链、资金链的创新产出来实现的；政策链作用于创新主体产生的效益和路径体现在知识链、产业链、资金链运行过程中政府与其他创新主体的相互作用之上。下面主要从知识链、产业链、资金链三个方面展开综述。

一、知识链理论研究

知识链是指不同类型的知识链组织如军口创新企业、民口创新企业、院校科研机构①等，为了实现知识价值增值而开展创新合作，所形成的网链结构的联结模式[29]。相关研究成果主要有以下三个方面。

1. 知识链组织之间的合作与冲突

关于知识链组织之间开展创新合作的有利因素，吴绍波、顾新认为主要有长期性的契约保障、信任关系以及合作产生的规模经济与范围经济优势等方面。王实、顾新等[30]分析了在开展创新合作的过程中，由于知识链组织之间的利益诉求不同、组织结构差异、自身知识创新优势的异质性、组织文化差异，会产生组织间利益冲突、组织结构冲突、相互定位不一致，随之对知识链之间的创新合作效率产生一定的阻碍，并提出了相应的冲突管理策略，促进创新合作的高效运行。刘敦虎等认为第三方管理机构能够促进知识链组

① 军口创新企业主要由国家财政投入注资，对应国有军工企业；民口创新企业主要由私人资本和社会资本注资，参与武器装备科研生产，对应"民参军"企业。

织之间的沟通交流，提升合作成员的合作满意度，承担起冲突协调的角色，并分析了第三方管理机构的设立条件、组织结构和主要职能。乔玉婷等提出采用第三方运营的科技成果转化模式，解决军地不同知识链组织之间的创新合作困境，并分析了第三方运营模式的必要性、可行性、运行机理以及具体的路径选择。

2. 知识链组织知识协同

王聪颖、管晓东[31]深入分析了知识协同的过程模式，提出了"发现、创新、传播和观察"四阶段模型。佟泽华[32]着重分析了知识协同及其相关概念的差异性和关联性，指出知识协同是组织的一种能力，侧重于研究在"恰当的时间"里将"恰当的知识"传递给"恰当的对象"。能丽构建了知识协同与研究能力的整合模型框架，并以中美两所大学的实践经验作为案例，分析了高校知识协同核心要素与研究能力的互动与提升机制。程强等[33]分析了知识协同的分工协作体系、基于产学研的知识协同模式以及基于供应链的知识协同模式，在此基础上，探讨了知识链的三种知识协同模式及其运行机理。

3. 知识链组织利益分配

顾新分别构建了两个和 n 个知识链成员之间的合作博弈模型，并通过算例分析的方式，提出了基于知识链成员在合作成员整体中的相对位置和重要性的利益分配方案。刘和东等基于大学与企业在研发阶段和商业化阶段创新主导权的变化，构建了权变利益分配模型，并分析了大学与企业利益分配比例在不同阶段下与投入要素价值、要素产出弹性、要素协同度的相关关系。李林等分析了政府参与的程度对知识链主体利益分配方式的影响，以及对应的最优选择排序。

二、产业链理论研究

产业链是指国家发展的不同类型产业部门形成网链结构的联结

模式，这种网链结构形态具备时间属性和空间属性，包含价值链、企业链、供需链和空间链四个维度。相关研究成果主要有以下三个方面。

1. 纵向一体化理论

军工企业与民口企业的纵向关系和联结模式是国防科技工业研究领域的重点内容之一。企业实行纵向一体化决策，主要有提升组织运营效率、扩大市场规模以及获得行业垄断地位三个方面的目标考量，且受到企业自身能力以及行业领域特性的影响[34]。聂辉华等从历史与逻辑的角度，深入研究通用汽车公司对费雪车身公司的兼并案例，构建数学分析模型，分析了完全信息静态博弈、不完全信息重复博弈、完全信息无限重复博弈三种情况下费雪公司与通用公司的互动博弈行为，从理论上澄清了资产专用性、敲竹杠和纵向一体化之间的关系。李青原等实证检验了我国企业纵向一体化程度的决定因素，包括价格不确定性、政府管制政策和契约实施强度等，并提出了提升专业化分工效率的相关政策建议。

2. 模块化分工理论

模块化分工理论是产业组织领域的重点研究对象。青木昌彦认为，模块化是新产业结构的本质，相对独立的价值模块通过一定的规则有机整合在一起，形成更为复杂的系统。孙晓峰以计算机产业作为代表性的产业，论述了模块化作为一种新的产业组织模式的产生条件和主要特点。王凤彬等以海尔集团作为代表性的企业案例，详细分析了企业向模块化组织模式演变的内在驱动力、形成条件和具体过程。曹虹剑等[35]以战略性新兴产业作为研究对象，采用问卷调查的方法，构建了涵盖26个测度指标的指标体系结构，分析了战略性新兴产业七个产业的模块化生产程度。王一鸣[36]分析了特定产业领域分工模式三次变革的特征和模式，其中，研发的模块化是其中重要的分工变革之一。

3. 产业联盟理论

张晓、邸晓燕、吕欧、宋东林、孙亮等[37]多名学者以产业技术创新战略联盟作为研究对象，分析了具体的组建机制、协调机制、运行机制、组织模式、网络结构以及政府在其中发挥的作用。赵泽斌等[38]则以国防科技领域的产业联盟作为研究对象，基于国防科技产业联盟协同创新主体定位和功能，构建协同创新网络基本架构，分析网络连接关系，运用网络规模、关系强度、同质性和开放性四个参数维度对网络结构和状态进行描述，揭示创新网络的形成机制。

三、资金链理论研究

资金链理论主要研究资金供给主体与资金需求主体之间的互动作用关系，具体的研究成果主要有以下三个方面。

1. 资金链的定义内涵

王江从资金供需主体之间的债权债务关系出发给资金链下了定义，并分析了造成资金链断裂的主要因素。油新华[39]则从企业资金流转的角度出发给资金链下了定义，认为资金链由三个阶段性链条组成，具体分为投入链、运营链和回笼链。袁继新、郭红兵、郑文范等学者从科技创新发展的角度出发给资金链下了定义，认为资金链是指政府财政与社会资金等多种资金供给模式构成的资金链条。

2. 科技金融理论

科技金融是实践性很强的领域，在理论上概念还未完全界定明晰，与我国科技金融的持续探索实践活动紧密相关。20世纪80年代就以科技贷款的形式开展起来，着力支持科技和产业领域发展，并在1992年作为一个完整的词汇出现。2009年，赵昌文等学者从科技金融的目的、科技金融的系统安排和提供科技金融资源的主体构成三个方面对科技金融的概念进行了定义，并得到了一些学者的认可。此后，关于科技金融的研究不断深入。洪银兴通过对金融机构和金融资本特性的分析，认为提供科技金融资源的主体构成成分多元化，都应该通过合适的渠道和方式将资金投入到科技创新当中。房汉廷从理论、实践、政策等维度出发，提出了科技金融的本质，认为科技金融兼具政策性和市场性。胡苏迪等从分析科技金融与企业发展的关系出发，认为科技金融是为满足企业各个发展周期而提供的一系列资金供给方式的组合。刘军民从风险与收益匹配的资金供给需求对接的角度进行了阐释。寇明婷等从内涵、体系、绩效和政策四个方面对科技金融本身进行了深入研究。

3. 资本循环理论

王定祥[40]深入研究了金融产业资本的循环增值机理，并分析了银行与企业两个资金供需主体之间的信贷资金流动过程。孟建等认为产融结合的资本循环过程是流通过程、生产过程和虚拟增值过程的统一，并以美国通用电气公司作为典型案例，阐述了产融结合型资本循环的独特竞争优势。

第六节　综述与总评

目前，国内外关于军民融合、协同创新、创新网络、政府作用与市场作用以及"知识链—产业链—资金链"五个方面的研究成果均比较全面，为本书研究军民科技协同创新网络提供了很好的理论基础和参考依据。军民融合理论研究的核心是国防建设与经济建设融合发展的资源配置效率问题，即如何通过军民融合的路径实现国防建设与经济建设融合发展的资源配置效率的提升，军民两大创新系统的资源配置效率问题研究是其中的重要领域，也是本研究的核心切入点。协同创新理论和创新网络理论为研究军民两大创新系统之间、创新主体之间合作博弈，以及核心企业与协同创新网络演化发展的关系提供重要的理论支撑。政府作用与市场作用的理论成果，为研究军民科技协同创新网络这一有别于一般性的市场化驱动的协同创新网络，提供政府如何发挥作用的具体路径分析。知识链、产业链和资金链的理论成果是研究军民科技协同创新网络的内在机理和运行机制的着力点和切入点。本书将军民融合、协同创新、创新网络、政府作用与市场作用以及知识链、产业链、资金链等方面的理论研究成果综合运用起来，以知识链、产业链、资金链作为研究军民科技协同创新网络的内在机理和微观机制的切入点，军民融合、协同创新、创新网络、政府作用与市场作用等理论在知识链、产业链、资金链的具体运行机理中呈现。主要基于以下几点考虑。

一是开展军民科技协同创新网络的系统化研究，构建起整个研究的分析框架。本书聚焦研究军民科技协同创新网络，涵盖军口创新主体、民口创新主体、政府、军队等多个创新主体，不同创新主体之间相互关联、互相作用，开展技术、人才、信息、资金等要素的交换，形成知识链、产业链、资金链等多个不同的协同创新网络子系统。知识链、产业链、资金链等子系统自身的运行机制如何以及三者的相互作用和相互关系如何，决定着军民科技协同创新网络的运行效率效益。军民科技协同创新网络作为一种优化军民创新要素资源配置的组织方式，在"知识链—产业链—资金链"核心创新链条的组织模式上如何体现，国有军工企业、"民参军"企业、院校科研机构、政府、军队等军民创新主体之间的创新合作与博弈过程如何展开，军民科技协同创新网络区域发展模式的形成过程中知识链、产业链和资金链如何发挥主导性作用，都需要构建系统的研究框架进行深入分析。

　　二是明晰军民科技协同创新网络与一般协同创新网络的内在特性，厘清整个研究的分析角度。军民科技协同创新网络运行效益涉及国家安全与发展，是国家安全制度设计中的重要一环，要体现国家意志、发挥政府和军队协同作用，本质上是一种国家制度安排，与一般性的基于利润驱动的市场化协同创新网络有所区别，国家意志和政府规制的介入更加强烈。本书在分析军民科技协同创新网络的产业链运行机理中，涉及国有军工企业和民口创新企业共同组成创新网络，在产业链上紧密合作互动的过程。国防科技工业创新网络的结构特性与一般性的创新网络有所区别。受到特性要素报酬差异、国家的产业政策以及产业链本身发展规律的影响，国防科技工业发展中其产业链纵向上优化的程度较高，主要是国有军工集团面对军民融合发展，面临着内部产业结构的调整与重塑。横向联系更加困难，突出表现在受到所有制和军口、民口的政策壁垒障碍更加繁多，军民创新企业之间难以产生连接。在最终形成的基于模块化分工的创新网络，也不是绝对的市场化的创新网络，而是由政府作用与市场作用双重影响的产业链发展模式。

　　三是开展军民协同创新网络的内在机理和运行机制研究，细化整个研究的分析过程。在军民科技协同创新网络运行的过程中，其运行效率效益，是市场机制发挥作用的结果，也是政府发挥作用推动的结果。由于创新的外部性、信息不对称以及国防科技工业创新发展的特性特点，高效运行的军民科技协同创新网络单靠市场机制下的创新资源配置系统是无法内生形成的，政府在其中发挥着重要的作用。本书的研究视角是把政府作为军民科技协同创新网络的重要创新主体，分析其如何通过一定的方式作用于知识链、产业链和资金链的运行过程之中。本研究不将政府作用单独割裂为协同创新网络运行的外部环境，而是视其内生于军民科技协同创新网络的运行机制之中，与知识链、产业链和资金链的运行机制有机结合。

第 三 章

军民科技协同创新网络的
总体框架分析

军民科技协同创新网络涉及军口创新主体、民口创新主体、政府、军队等多个创新主体以及不同创新主体间的互动关联。军民创新主体之间的相互作用关系，各自在军民科技协同创新网络中具有的功能属性，以及军民创新主体之间进行联结运行依赖的机制，是本章分析的切入点。下面从军民科技协同创新网络的网络核心主体构成、网络主体间互动关系以及网络要素链条构成三个方面展开深入阐述和分析。

第一节　协同创新网络核心主体

军民科技协同创新聚焦国防科技创新和武器装备发展建设，涵盖知识创新、科技成果转化、产业发展、资本投资等多个方面，既符合"高校—企业—政府"三螺旋、"政产学研金介"等创新模式的发展特性，同时又有军民科技协同创新发展的自身特点，如国有军工企业与"民参军"企业虽同属于企业，却在我国推动军民科技协同创新的发展进程中承担着不同的功能作用。军民科技协同创新网络主要包括国有军工企业、"民参军"企业、院校科研机构、政府、军队、金融机构、科技中介机构等军民创新主体，实现军民创新系统"1＋1＞2"的协同创新网络效应。各军民创新主体在军民科技协同创新网络中承担着不同的角色和功能，下面进行具体的描述和介绍。

一、国有军工企业

国有军工企业是国防科技创新体系的重要组成部分，是军民科技协同创新网络的重要主体。国有军工企业，主要由国家财政投入注资，经过党和国家亲手缔造、培养和发展，并通过多次国防科技工业改革的推动，形成涵盖多个军民两用产业领域、产业组织结构较为优化的国防科技工业发展体系，具备雄厚的技术、人才、产业和资产基础，进行武器装备总体、分系统以及核心配套产品的研发创新，有力支撑着我国国防实力和综合实力的提升，为国家国防科技工业发展作出了重要贡献。国有军工集团不仅从事高质量军用产品的开发生产，同时还开发了多种高技术民用产品。在国家军民深度融合发展的大背景下，国有军工企业有力发挥自身的系统集成以及军工核心能力优势，攻关军工核心技术，推动国防知识产权转化，加强与民口创新企业等创新主体的创新合作，在推动军民科技协同创新发展的过程中，发挥着有力的核心作用。

二、"民参军"企业

"民参军"企业是推动我国军民科技协同创新发展的重要创新主体。与国有军工企业相比，民口创新企业在一些细分产业技术领域具有绝对优势或相对优势，技术创新能力、产业创新能力、总资产规模不断提升，具备生产高质量国防产品、参与国防市场竞争的雄厚能力，以"民参军"的方式为国家国防科技工业发展作出贡献。其中，"民参军"上市公司涉及计算机、电子、材料等多个产业领域，主要从事武器装备分系统、整机、核心元器件以及部组件的研发生产。民口创新企业在体制机制、创新性、灵活性、市场意识、服务意识以及产品成本方面具备良好的优势，既为国防科技创新提供了源源不断的活力，同时也为缩减国防采购预算开支提供了更多的可能性，有力地提升了国防经费使用效率，带来了更大的国防创新产出。从全球的发展脉络来看，各主要先进国家都在积极推动优势民口创新企业参与国防市场竞争，使之成为建设军民科技协同创新网络的重要力量。次级企业和小型企业的创新能力和创新优势突出，往往能带动军事技术的变革，也是美国国防部成立相关科技管理机构和推动创新组织模式变革关注的重点。随着国家战略举措的落地实施，涉及军工行业领域的民口创新企业数量大幅增长，有力地推动了国防科技工业的创新发展。

三、院校科研机构

院校科研机构是指推动军民科技协同创新发展的技术研发和政策研究机构，发挥着国防科技创新、人才培养输送以及相关成果技术转移转化的作用，学科门类丰富，人才资源丰富，部分学科处于世界一流行列，与国有军工企业、"民参军"企业、政府及中介机构等产学研合作紧密，在武器装备科研生产体系中，具备不可替代的独特作用。目前，从我国院校科研机构的分布和构成来看，主要分为军队院校科研机构和地方院校科研机构。另外，在国家推动军民科技协同创新发展的大背景下，不少院校科研机构的人才依托自身的科技资源和产业资源，投身到国防科技创新发展之中，开展技术转移和产业孵化，产生了很多具有独立技术优势的"民参军"创业公司，在产业细分领域具有较强的竞争优势。

四、金融机构

金融机构是军民科技协同创新网络中重要的资金供给主体，为国有军工企业、"民参军"企业、院校科研机构等开展科技创新项目的开发活动提供有力的资金支持。金融机构包括商业银行、证券公司、基金管理公司等，为资金需求主体提供信贷融资、投贷联动、应收账款回收等多元化的资金支持方式。经过多年的快速发展，我国已建立起多层次的金融服务体系。国防科技创新发展与一般科技创新发展相比，具有融资需求大、不确定性强的特点，发挥高收益、高增长、高风险、高投入的经济发展引擎作用，对金融供给和金融服务工具具有更高的要求，一般金融常常望而却步。针对国防科技创新发展的特点，深入挖掘国防科技创新带来的国防应用价值潜力和商业应用价值潜力，推动形成持续增长的国防建设发展动力和经济发展引擎，需要相关的金融政策安排，同时国防科技发展的增长动力也为科技金融的制度方式创新提供了土壤。科技金融的支持能够解决制约国防科技发展中，资金供给主体与资金需求主体之间的风险、收益和信用问题，最大限度地盘活存量资产，以科技金融为手段提升军民科技协同创新网络军民两大创新系统的资源配置效率，更好地促进国防建设与经济建设融合发展，提升国防科技创新发展的经济贡献率。

五、中介机构

中介机构在军民科技协同创新网络中发挥着衔接促进的重要作用，是推动区域军民科技协同创新发展的"黏合剂"。在国务院发布的《关于加快科技服务业发展的若干意见》中，科技中介服务机构主要包括技术交易机构、科技咨询机构、生产力促进中心、科技金融服务机构、科普服务机构等多种类型，有力地服务科技创新和产业发展，是军民科技协同创新网络的关键枢纽。同时，国家推动科技中介平台建设，创新体制机制，促进不同军民创新主体之间的创新合作。另外，不少区域以促进军地需求对接、推进军民资源共享为着力点，打通关键节点，利用大数据技术，建设了科学仪器共享、物流一体化共享、标准化服务等平台，成为区域军民科技协同创新网络的重要组成部分。

六、政府

政府作为重要参与者，发挥作用介入到军民科技协同创新网络的具体运行过程中去，既是政府自身职能的直观体现，也是军民科技协同创新网络良好运行的重要保障。国家主导、需求对接和市场运作是推动军民科技协同创新发展的三个基本作用力。军民融合发展战略的具体推进需要完善的政府组织管理体系作为支撑，在中央政府、军队以及地方政府等层面，国家成立了多个以推动军民融合发展为专属职能的管理机构，与原有涉及军民融合发展的管理机构一起协同推动国家的战略举措落地。政府为推动军民科技协同创新发展提供良好的政策制度环境，通过科技、产业、金融、土地等一系列政策制度，促进军民两大创新系统创新要素的相互流动，激发军民创新主体的创造活力，形成政府资源配置机制和市场资源配置机制有机结合的建设发展模式。例如，深圳市出台系列激励政策，对军民科技成果转移转化的项目开展配套资金资助，配套资金资助的项目类型有军民融合创新研究院落地转化项目、列入国家军民融合重大专项计划的项目、承担军工科研项目的企业三种。在中央、国务院、军队、地方政府（省级）等多个层面推动军民科技协同创新发展的部分管理机构具体如表 3-1 所示。

表 3-1 政府和军队相关管理机构

机构隶属	机构名称
中央	中央军民融合发展委员会
国务院	国防科工局、工信部军民结合推进司、发改委国防司、科技部资源配置与管理司等
军队	联合参谋部、装备发展部、国防动员部、军委科学技术委员会、军委战略规划办公室等
地方政府（省级）	省委军民融合发展委员会办公室、省发展改革委、省科技厅等

第二节 协同创新网络主体间互动模式

军民科技协同创新涉及多个创新主体，每个创新主体作为一个网络节点，与其他创新主体以一定的方式产生联结关系，所有创新主体之间的联结关系共同构成军民科技协同创新网络。由于军民科技协同创新网络的创新主体类型多元，各自发挥的作用不同，以及其在创新网络中的地位差异，在创新网络的发展演化中逐渐产生了不同的创新网络模式，核心创新主体与合作创新主体形成专业分工、资源互补的关系，即不同的"核心—外围"结构的创新网络模式。其中，根据核心军民创新主体的类型差异，形成了四种差异化的军民科技协同创新网络，即国有军工企业主导型、优势民口创新企业主导型、院校科研院所主导型以及政府扶持主导型。

一、国有军工企业主导型

在创新网络发展过程中，核心创新主体发挥着重要的创新支撑引领作用。国有军工企业主导型是指国有军工企业在军民科技协同创新网络中承担着网络中关键和核心节点的作用，有力推动军民科技协同创新网络发展。企业是市场经济中最具活力的创新主体，其将技术与产品、资金相结合，在企业家精神的引领下开展面向市场的创新。在国防工业市场中，虽然市场发育仍不够健全、相关政策制度建设仍较为滞后，但是国防技术已经初步具备现代市场模式。国有军工企业，作为政府连续累加投资的企业主体，是我国国防科技创新的主体支撑力量，在推动军民科技协同创新的过程中积累了核心创新优势。以中国航空工业集团为例，其拥有近30家上市公司，在航空产业生产链条中占有多个关键要素的控制权，是我国航空工业的支柱性力量。相较而言，"民参军"企业呈现资金规模小、相关产品序列不完整、资金盘子小等问题，现有国防科技工业产业格局下，国有军工企业在国防技术市场中发挥着创新主导作用。以国防军工科研重镇西安市为例，其依托国有军工企业的创新优势，与当地军队和民口的院校科研机构开展创新合作，着力推动航空产业集群化发展。

二、优势民口创新企业主导型

优势民口创新企业主导型是指优势民口创新企业在军民科技协同创新网络中承担着网络中关键和核心节点的作用，与其他创新主体发生着强有力的有效连接，共同推动军民科技协同创新网络发展。在推动军民科技协同创新发展的过程中，优势民口创新企业依托自身在一些细分产业技术领域的差异化竞争优势，与国有军工企业共同参与国防市场竞争，同时也建立创新合作的关系。一般情况下，优势民口创新企业的成长和发展，所在区域具有良好的产业配套服务体系。以一家或多家具有行业龙头地位的优势民口创新企业为核心，与其他具有产业关联关系的民口创新企业共同聚集在同一区域，产生产业集群化优势，提供高质量的系列化国防产品，形成优势民口创新企业主导型的军民科技协同创新网络，对区域经济发展具有较高的贡献率。以深圳市为例，作为国家重要的创新集聚区，该市充分依托优势民口创新企业的产业集群化优势，吸引国内外院校科研机构和创新型企业入驻，同时推动建设了一批军民融合新型研发机构，初步形成了以优势民口创新企业为主体、军民融合程度高的国防科技工业发展体系，有力推动了区域军民科技协同创新网络的发展。

三、院校科研机构主导型

院校科研机构主导型是指院校科研机构在军民科技协同创新网络中承担着网络中关键和核心节点的作用，与政府、企业及中介主体等其他创新主体产生有力合作，共同推动军民科技协同创新网络发展。具有对地方经济发展产生巨大辐射带动效应的核心国防科技创新成果的院校科研机构，以自身优势的军民两用技术资源为基础，与政府、国有军工企业、"民参军"企业等开展深入的产学研合作，推动科技成果转化与产业孵化，促进协同创新网络各网络节点的紧密连接。中国科学院作为军民创新主体之一，是国家重大战略科技发展研究的重要基地，拥有雄厚的军民两用技术资源、科技成果转移转化机构和高水平战略智库，具有推动军民科技协同创新发展的良好基础，孵化出一批计算机、新材料等产业领域的上市企业。2014年，首个创新与产业化联盟启动，该联盟由上市公司中科曙光牵头，联合中国科学院开展先进计算技术创新研究的科研单位共同成立，推动知识链、产业链、资金链的有机衔接，而后又推动若干个创新与产业化联盟，与合肥市、太原市、兰州市等多个政府签署战略合作协议，推动军民科技协同创新发展。又如，为中国航天事业贡献出重要力量的哈尔滨工业大学，拥有多个国防特色学科、众多国防军工优势技术资源，推动航天工程、机器人、智能制造等领域的军民两用科技转化项目的落地。

四、政府扶持主导型

政府扶持主导型是指政府在军民科技协同创新网络中承担着关键和核心节点的作用，为国有军工企业、优势民口创新企业及中介机构的发展壮大和深入合作提供良好的政策环境，共同推动军民科技协同创新网络发展。政府基于当地的创新资源禀赋，选定相应的军民两用产业进行扶持，并采用相对应的创新政策和产业政策来规定资金流向，其制定的创新政策和产业政策一定程度上决定着区域生产可能性曲线扩展的程度和范围。在政府扶持主导型的军民科技协同创新网络中，地方政府贯彻落实国家相关战略举措，制定支持军民创新主体发展的精准化政策制度，并取得区域创新产出显著增加的良好效果。以浙江省为例，基于当地民营经济发达、市场机制灵活的基础优势，浙江省政府积极探索新模式、新经验、新做法，建设军工科技孵化器、产业基地，推动当地军民创新主体与国内的多家军工企业、院校科研机构开展创新合作，积累了丰厚的技术资源、产业资源、项目资源、人才资源，有力促进了产业集聚化发展。在推动军工技术"转民"、民企"参军"和军民融合产业集聚等方面取得了显著效果。

国有军工企业主导型、优势民口创新企业主导型、院校科研机构主导型以及政府扶持主导型这四种差异化的军民科技协同创新网络，是在不同区域的创新资源禀赋与产业发展潜力的基础上不断演化形成的，在国家创新驱动发展和军民深度融合发展不断深入推进的进程中，会演化出更加丰富多样的类型形式。

第三节　协同创新网络要素链条构成

军民科技协同创新网络的运行，涉及政府部门、国有军工企业、民口创新企业、院校科研机构、科技中介机构等多个创新主体，创新主体之间形成不同的子系统，创新主体之间、子系统之间进行着知识、人才、资金、信息等要素的流动与交换。知识创新子系统形成知识链的运行链条，产业发展子系统形成产业链的运行链条，产业资本循环子系统形成资金链的运行链条，知识链、产业链、资金链的要素资源配置效率效益决定着军民科技协同创新网络的运行绩效。在经济新常态的大背景下，发展方式由粗放增长型迈向质量效益型，创新资源配置的范式从以研发环节的配置方式为主向产业链、知识链、资金链统筹配置转变，适应国防科技工业军民深度融合发展的改革要求，本书从国防科技创新发展的资源配置的知识链、产业链和资金链三个维度的要素链条出发，构建起研究框架。本书着重研究知识链、产业链和资金链本身的运行机理和发展规律，以及政府作用和市场作用如何有机结合嵌入到知识链、产业链和资金链三链运行的过程当中去，形成良好的创新组织方式。

一、知识链

知识链是推动军民科技协同创新发展的动力引擎。军民科技协同创新网络的知识链，是指不同类型的知识链组织如国有军工企业、民口创新企业、院校科研机构等，为了实现知识价值增值而开展创新合作，所形成的网链结构的联结模式。不同类型的军民创新主体之间相互作用，包括知识的创造和知识的转移等过程。知识链包括科学知识创新链、技术知识创新链、工程知识创新链等，涉及知识创新从研发到应用转化的整个过程。在推动军民科技协同创新发展的过程中，知识链中的创新主体涵盖军民两大创新系统，军民创新主体如何更好地开展协同知识创造并实现国防科技创新知识增值的核心目的，影响协同知识创造的因素有哪些，政府和军队如何发挥激励和监督作用促进军民创新主体开展知识协同创新，知识创新的组织模式和相关政策制度如何推进，是研究军民科技协同创新网络知识链运行机制的重要关注点。

二、产业链

产业链是推动军民科技协同创新发展的主体力量。在军民科技协同创新网络运行过程中，产业链的协同创新聚焦的是国防科技工业的产业链条组织模式优化演变的进程，推动国防科技工业的发展更好地厚植于国家工业基础之上。产业链是指国家发展的不同类型产业部门形成网链结构的联结模式，这种网链结构形态既具备时间属性，也具备空间属性。在国防科技工业不断发展的过程中，国有军工企业和民口创新企业两者之间在时间、空间两个维度上不断对接，形成国防科技工业的产业布局和产业结构。国防科技工业产业链的形成和发展与一般科技工业产业链不同，具有实现国防效益和经济效益的双重目标属性，产品的资产专用性对国防科技工业产业链发展的组织模式产生关键影响。从资产专用性的角度出发，国防科技工业领域提供产品（服务）的主要特征为：产品等级从系统最终产品到低层次部件的过程中，军用专用性不断减低，军民品界限逐渐淡化。不同资产专用性程度的国防产品应该由不同经济部门来提供。一般来说，国有军工企业在系统最终产品领域具有较大的控制权，民口创新领域在低层次部件的生产上具有一定的竞争优势。围绕国防科技工业发展的特殊属性，适应军民科技创新发展的需求，产业链发展过程中纵向、横向和网络化组织模式是如何形成的，是研究军民科技协同创新网络产业链运行机制的重要关注点。

三、资金链

资金链是推动军民科技协同创新发展的重要保障。在开展国防科技创新发展的核心链条中，知识链和产业链有序高效的运行发展离不开金融工具和金融制度的创新。资金链是指在推动国防科技创新发展过程中，政府财政投入支持与金融工具支持等不同资金支持方式组成的资金链条。政府通过财税金融政策与市场作用机制下的银行、风险投资机构等资金供给主体共同参与对国有企业、"民参军"企业、院校科研院所等军民创新主体发展所需资金的供给。国防科技创新成果具备公共产品属性，同时具有高风险、高投入、周期长的特点，在历史上只有国家有如此大的调配资源的能力和切实的愿望去投资。原先仅仅依靠财政去投资，但财政投资强制性、当期性、有限性和约束性的特点难以满足国防科技创新发展的需要，需要具备跨期信用交易、资金量大、灵活度高等特点的金融制度体系与政府一起共同参与投资。国家发展和大国崛起，不仅仅是一部国防建设不断发展的历史，同时也是一部金融发展史，国防科技与金融发展两者紧密联系，国家关于国防开支以及国防开支来源的分配决定着国家一个时期内国防能力提升或衰弱的关键点。金融一边是跨期交易、调配更大资金资源的能力，另一边连着以利益分配与风险共担为核心的信用体系建设。遵循国防科技创新发展的属性，政府如何通过财政投入以及相关政策机制嵌入金融交易结构，资金供给主体与资金需求主体之间的相互作用如何形成良性资本循环，资金供给主体与资金需求主体如何实现风险、收益以及流动性的有机平衡，资金供给主体与资金需求主体形成"激励共容"的影响因素有哪些，是研究军民科技协同创新网络资金链运行机制的重要关注点。

四、"知识链—产业链—资金链"三链之间的互动关系

"知识链—产业链—资金链"作为军民科技协同创新网络三个维度的核心创新链条，通过一定的作用机制相互影响，形成紧密连接的互动关系，具体如图3－1所示。

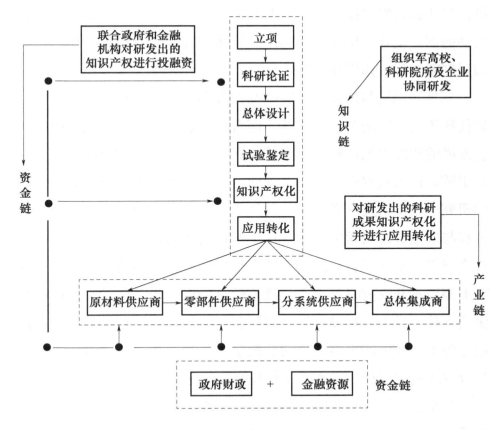

图3－1　"知识链—产业链—资金链"三链之间的互动关系

一是知识链与产业链之间的互动关系。在军民科技协同创新网络运行的过程中，知识链和产业链的相互影响与作用主要体现在两个方面。一方面是国有军工企业、民口创新企业以及院校科研机构等共同组成的知识链组织网络，围绕军民科技协同创新网络产业链发展的薄弱环节领域开展技术创新活动，通过军民创新主体之间的创新合作，实现知识的价值增值，获得产业链发展的瓶颈突破和优化配置，又由于国防科技创新具有国防效益和经济效益的双重属性，对军工产业链和民用产业链的发展均产生重要影响。另一方面是从军民科技协同网络产业链发展的角度出发，产业链链条上不同环节的知识创新活动整体配合才能更好地实现产业链发展的创新升级，产业链的发展模式变革会对知识链组织合作网络开展知识创新活动的创新模式产生重要影响，具体体现在知识链组织合作网络的知识创新过程、知识创新方式等。

二是知识链与资金链之间的互动关系。科技创新和金融发展是现代经济发展的两个重要要素，两者的结合情况深深影响着国家产业发展的速度以及产业发展模式的塑造。在军民科技协同创新网络知识链运行的过程中，各知识链创新主体开展知识创新，形成"基础研究—应用研究—产业化"的知识创新链条，通过知识的经济化过程与资金链发展紧密连接，这里既涉及各知识链创新主体之间的合作网络，也涉及资金供给方的合作网络。知识创新链条的各个环节上都离不开政府财政投入、政策性金融以及相关金融工具的资金供给支持。另外，军民科技协同创新网络的知识链在推动技术创新的过程中，能够产生多元化的金融服务工具，使知识链与资金链的结合方式更加多样，有力推动科技金融制度安排的优化创新。

三是产业链与资金链之间的互动关系。在军民科技协同创新网络运行的过程中，产业链和资金链两者之间是紧密互动、相融共生的关系。对应的资金支持方式涵盖政府产业引导基金、银行贷款、投贷联动、私募基金等。军民创新主体发展的种子期、初创期、扩展期，以及产业链纵向、横向资源整合配置过程中，都需要金融工具和金融制度遵循产业链发展的资源配置规律进行相关的资金支持安排。相比于资金链对知识创新链条各个环节的资金支持，对产业链发展的资金投资风险要小很多。对于知识链和产业链高度结合的产业基地、产业园区等，需要大量的资金投入，政府财政部门、开发性金融机构、基金管理机构、风险投资机构等各类资金供给主体发挥协同作用才能有效完成。

第 四 章

军民科技协同创新网络
知识链的运行分析

创新是军民科技协同创新网络运行的灵魂与核心，以知识价值增值、多元主体知识协同等过程为基础的国防科技创新是这一网络得以演化发展的关键主线。本章基于军民科技协同创新网络与一般性协同创新网络之间的特性区别，深入分析军民科技协同创新网络知识链的运行机理、动力因素、激励机制、演化进程，并以××大学的知识协同探索作为案例，阐释军民科技协同创新网络知识链运行的理论与实践。

第一节　协同创新网络知识链的运行机理

在以知识创新和创新驱动为核心的经济新常态发展环境下，创新的关键在于知识链各创新主体之间的相关作用关系，形成一个有效发挥"协同创新"效应的知识网络结构。知识链创新主体在知识链运行过程中，各自发挥着不同的功能作用，相互之间开展知识创造、知识流动、知识转移等，形成知识价值增值。

一、知识链创新主体

军民科技协同创新网络的创新主体，包括国有军工企业、"民参军"企业、院校科研机构、政府、金融机构及中介机构等，不同的创新主体在知识创新中有各自的优势，在协同创新网络中发挥着不同的功能和效用。军民科技协同创新网络的知识链，聚焦于国防科技创新和国防科技工业的持续健康发展。在知识链创新主体中，直接参与国防科技创新的主要是国有军工企业、"民参军"企业以及院校科研机构三种创新主体。政府、金融机构和中介机构虽不直接参与国防科技创新的知识创造，但在协同创新网络中发挥着不可替代的作用。金融机构为各创新主体提供有力的资金支持，中介机构在知识的流动和信息的流动方面发挥重要作用，政府着力营造良好的创新环境，在促进知识创造和流动的过程中发挥着重要的激励和促进作用。各创新主体依托自身的资源优势，着眼自身短期、中期、长期的发展利益诉求，作为知识创新的发起者和组织者，在协同创新网络中发挥着网络关键支点的作用，与国家的战略发展利益形成激励共融的格局，形成了上述的国有军工企业主导型、优势民口创新企业主导型、院校科研机构主导型以及政府扶持主导型四种差异化的军民科技协同创新网络。

其中，国有军工企业主导型的协同创新网络，依托国有军工企业的国防知识产权无形资产优势和国防高新技术资源优势，尤其是在武器装备总体设计和管理的核心作用，主要注重国防知识产权的创新创造，如"两弹一星"工程，推动"军用转军用"和"军用转民用"，与其他创新主体共同参与国防知识产权集群式创造孵化。优势民口创新企业主导型的协同创新网络，依托优势民口创新企业在国防高新技术资源的差异化优势，与国有军工企业形成竞争和合作的关系，开展国防科技创新提升自身科研能力，然后充分发挥自身的市场优势，有力拓展国防科技创新的商业应用价值和社会价值。院校科研机构主导型的协同创新网络与国有军工企业主导型、优势民口创新企业主导型不同，除少数拥有产业化资源直接参与国防知识产权创造和孵化外，大多数需要依托国有军工企业和优势民口创新企业的产业化优势，与企业一起开展国防知识知识产权孵化转化。政府扶持主导型的协同创新网络，主要发挥政府在协调和配置创新资源的优势，营造知识创造、转移、转化的良好环境，形成各创新主体良性互动合作的创新格局，推动军民科技协同创新发展。

二、知识链运行特征

在知识创新的开展过程中，主要存在两种不同模式的知识创新链结构，分别为独立性模式和系统性模式。在两种模式中，系统性知识创新链的组织模式能够有效发挥各自创新主体的优势，实现创新风险分摊和创新收益共享，形成知识创新链条和创新资源配置的优化，可以获得更大的创新产出。随着我国科技实力的显著提升，科技创新范式转换不断演化，原先的科技组织模式已不适应现今科技发展的特点规律，国防科研体系走向开放性、合作性、原创性的开放集成式科技组织模式[41]。军民科技协同创新网络的知识链，聚焦国防科技创新的创造与孵化转化，以知识增值为核心，通过立项、科研论证、总体设计、试验鉴定、知识产权化与知识产权应用转化等环节和链条，将国有军工企业、民口企业、院校科研机构、政府和中介机构等创新主体有序地连接组织起来，形成分工合作、共享共赢的有效发挥"协同创新"效应的网络结构。这种网络集成与联结的方式具有以下三种特性[42]。

一是需求性与流动性。军民科技协同创新网络知识链的形成是因国防科技创新的需求而产生的，而这种创新的需求并不能由单一军民创新主体完成。不同军民创新主体拥有的知识能力差异以及知识技术的独占性是知识创新链主体之间联结的驱动力，而后知识在不同军民创新主体之间流动，相互之间得到所需的知识增量，弥补创新主体之间的知识势差。军口创新主体和民口创新主体在国防高新技术领域的差异化知识优势，是军民两大创新系统形成知识流动、资源流动的重要基础。

二是网络性与合作性。不同军民创新主体之间形成复杂系统性的交互式、链条式网络结构，网络成员之间建立起战略性的合作关系，通过签订协议或某种契约形成开展知识创新的创新联盟。当军民两大创新系统独立开展运行时，军民创新主体之间难以建立长期有效的战略性合作关系，军民两大创新系统的差异性优势无法得到有机整合，创新要素资源配置效益不高。而这种具有"协同创新"效应的合作网络结构，能够降低军民两大创新系统协同开展国防科技创新的交易成本，有力实现技术、人才、资本等创新要素资源配置效率的提升。

三是增值性与阶段性。国有军工企业、"民参军"企业、院校科研机构等创新主体，相互之间开展知识创造、知识流动、知识转移等工作，最终实现知识的经济化过程，然后再进行下一轮的知识创新过程，产生非线性效应的协同创新收益激励，形成知识价值增值。知识链的运行过程由一系列环节组成[43]，本书从军民科技协同创新网络"知识链—产业链—资金链"三链协同运行的过程链条出发，主要研究和讨论军民创新主体开展知识创造和知识转移的过程。

三、知识创造的概念模型

知识创造是指以不同知识创新主体间的知识流动与知识势差为

基础，创造出新知识的过程。国有军工企业、优势民口创新企业、院校科研机构等创新主体拥有各自的知识创新量存量、知识吸收水平，这些具有互补性和异质性的知识创新存量通过知识协同的管理方式汇聚形成更大的知识创新量，开展跨区域、跨组织、跨部门的知识创造，达到知识增值的目的。知识创造的模型，比较有代表性的是日本学者野中郁次郎构建的 SECI 模型，该模型描述了知识转化的形式。后来有不少学者对 SECI 模型进行了拓展构建，如 BaS – C – SECI 模型、IDE – SECI 模型、Q – SECI 模型、I – SECI 模型[44]等。知识创新和知识增值是知识链协同创新的核心。在军民科技协同创新网络知识链开展知识创造的过程中，军民两大创新系统的创新主体之间开展显性知识和隐性知识的流动、共享和转移，知识创新存量不断集聚、螺旋上升，产生非线性知识增值效应，最终获得国防科技创新成果的有效产出，其过程具体如图 4 – 1 所示。

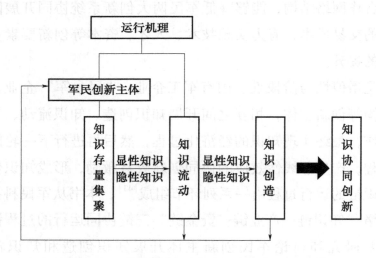

图 4 – 1　军民创新主体知识创造过程模型

知识创造的合作网络，一般是某一技术产业领域的核心企业基于自身发展前景的考量发起组织的，核心企业与其他创新型企业、院校科研机构等共同开展知识创造。在产业链的层面，有纵向产业链的知识创造合作网络和横向产业链的知识创造合作网络这两种类型。在互联网时代的经济发展背景下，开放式创新模式的内涵不断延伸，用户与产业供应商一起开展协同创新，相互之间进行显性和隐性知识的流动。在国防领域，政府和军队是唯一的买方和用户，也参与到知识创造的过程中去，并起到有机整合军民创新资源、协调对接军民创新主体的重要作用，如美国国防部高级研究计划局、国防创新试验小组等政府机构。

四、知识转移的概念模型

知识转移是指知识从一个知识源载体转移到另一个知识载体的过程，从广义的定义上来说，这一过程涵盖了显性和隐性知识的转移，与知识扩散、知识流动、知识溢出、知识共享等概念的含义有所交叉，又有所区别。在本研究中主要分析的是显性知识，即技术在不同军民创新主体之间的转移过程[45]。知识转移的过程将军民科技协同创新过程中创造的知识增量向具有知识吸收能力的军民创新主体进行转移，促进军民创新主体将国防科技创新过程中的创新成果形成国防应用价值、商业应用价值。知识转移的方式主要有技术交易、技术联盟、共建实体等方式，协同一体化的模式是前几种机制顺畅的结果。在推动军民科技协同创新发展的过程中，军民创新主体之间知识转移转化得越频繁、越深入、效率越高，产生的国防效益和经济效益就越发显著，更能促进军民不同创新主体的创新活力，反之，则起到另一种效果，形成军民分离的二元创新体制。

国防知识产权是军民创新主体开展协同知识创造的重要创新产出，也是军民两用知识转移转化过程中无形资产的重要组成部分。国防知识产权转移转化体系是"产学研用"创新体系的重要组成部分，最大限度地实现其产业价值、军事价值和商业价值，打通国防知识产权对接市场的"最后一公里",既能释放国防创新成果的生产力,又能通过获得的产业和经济价值反哺科技创新,优化国防资源和经济资源配置,有力地推动创新驱动发展战略的实现。知识转移转化的效率,与不同知识创新主体间的势差和知识吸收能力有关,同时也与政策制度、政策环境有很大的相关性。国防知识产权成果具有保密性、准公共产品属性和天然的公权属性,其转移转化的效率受到技术特性、产权制度、管理制度、信息流动成本、市场运营环境等方面的影响作用。

五、知识协同的过程概念模型

在支持军民创新主体知识协同的运行条件下,知识协同的过程分为知识协同需求生成阶段、知识协同伙伴选择阶段、知识协同有机运行阶段、知识协同目标实现阶段四个环节[46]。

1. 知识协同需求生成阶段

在知识协同的需求生成阶段,军民科技协同创新网络知识链的创新主体依照自身创新发展的利益诉求来决定是否开展知识协同。关于知识协同需求的类型主要有以下三种:一是国防需求型,政府基于国家战略发展的需要,或是军方基于国防建设发展的需要,提出军民两用技术研发或是军用技术研发知识协同的需求;二是民用需求型,企业基于赢得民用市场竞争优势的需求,依照自身对市场机会和技术前景的认识和把握,提出知识协同的需求;三是科技自由探索型需求,科技领域学者或科研单位基于自身的研究兴趣和研究目标,提出知识协同的需求。在这三种需求类型中,最能体现军民科技协同创新全阶段的是国防需求型,且在知识协同具体运行的流程上三种需求类型具有相对一致性[47],下面主要基于国防需求型的知识协同过程展开论述。

2. 知识协同伙伴选择阶段

国防需求生成后，是知识协同伙伴选择阶段。政府和军方通过国防采办或是公开招标的流程遴选创新主体，以单独研发、并行研发或是联合研发的方式开展国防科技创新，达成最终的创新目标。由于知识协同伙伴的选择具有路径依赖性，原有采办或招标的方式不太符合国防领域开放竞争的需要，政府和军方进行了一系列遴选军民创新主体的方式创新，如上线全军武器装备采购信息网等，对国防需求的整体目标进行分解，根据分解的具体目标以及对投标创新主体创新资源的了解，遴选出具有创新资源互补性特征的创新主体合作联盟。一般情况下，总体单位或是分解目标的承担单位不少于一家，形成开放竞争的格局，避免道德风险和逆向选择。

3. 知识协同有机运行阶段

在知识协同伙伴选择阶段完成后，进入知识协同有机运行阶段。军民不同创新主体之间知识流动、知识共享、知识转移是知识协同有机运行的具体过程，也是实现知识增值、产生非线性协同效应的核心阶段。在知识协同的运行过程中，不同的军民创新主体之间进行显性知识、隐性知识的流动、共享和转移，相互之间互动的频率渐渐增加，异质性、互补性的知识存量共同作为知识协同的知识库不断累积形成更大的知识量，形成知识管理的集聚效应，当知识量积累到一定阈值的条件时，产生知识协同的国防科技创新成果。

4. 知识协同目标实现阶段

基于国防需求的创新目标已经达成，知识协同伙伴之间的合作关系可以考虑终止运行。政府或者军方对知识协同创新成果进行评估，对知识协同伙伴的利益进行分配，并根据知识协同伙伴的创新实力和合作默契程度选择是否进行下一轮国防需求招标的创新主体选定。基于国防科技创新成果的商业价值、社会价值，选择是否进行更进一步的开发。

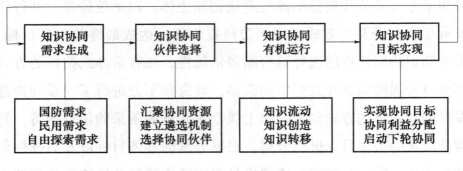

图 4 - 2　知识协同过程概念模型

第二节　协同创新网络知识链运行的动力因素

在军民科技协同创新网络知识链的运行过程中，影响知识协同效果效益的因素主要包括协同创新主体协同意愿、协同创新主体风险收益、协同创新主体知识壁垒、协同创新政策制度环境四个方面。

一、协同创新主体协同意愿

一是创新主体之间的利益诉求不同。国有军工企业与优势民口创新企业两类创新主体，在开展军民科技协同创新的过程中，形成既有竞争又有合作的互动作用关系。现阶段，大型国有军工集团仍然是国有军工产业链的领导者，主导了武器装备型号的研发生产，长期扎根于军工核心能力建设，在参与军民科技协同创新的过程中，具有推动自身单位运行机制改革和国防科技创新能力延展的诉求。优势民口创新企业、地方高校以及地方科研院所等创新主体，原先参与国防科技创新的时间维度和技术维度较为狭窄，在参与军民科技协同创新的过程中，具有参与军工科研生产拓展自身创新领域多元性布局以及提升自身市场竞争力的诉求。在开展军民科技协同创新的过程中，军民创新主体的利益诉求呈现出多元化与差异化的特点，不同军民创新主体之间的利益协调机制还未充分建立，随之形成长效有序的协同创新局面还未达成。

二是创新主体各自内部协同困难。在军民创新主体之中，国有军工企业、军队科研院所以及民口创新企业等内部也有各自的利益诉求。如军工集团中，原先完善的纵向产业链条，以及不同军工集团之间有相对较大的产业技术领域区分，在参与军民科技协同创新的过程中，会出现军工集团内部利益诉求不同的矛盾。另外，各个军工行业之间由于相对较大的产业技术领域区分，合作交流较少，存在一定的藩篱现象。

三是创新主体相互之间协同困难。推动军民科技协同创新发展的实践当中，国有军工企业以及军队科研院所，在获得国家财政、税收、土地以及军工项目的支持方面具有很大的相对优势。比如，对于国有军工企业这一创新主体，很多为武器装备科研生产的总体单位，军工产业链较为完整，在推动军民科技协同创新发展的过程中，处于主导的位置。而对于民口创新企业、地方高校以及地方科研院所等，其本身在技术支撑上呈现出碎片化特征，支撑国防科技创新的持续性力量不足，同时在获得国家财政、国有商业银行贷款等政策性支持方面，处于相对的弱势地位。在符合武器装备科研生产需求的特点下，军民创新主体进行知识协同合作，需要进行长期的探索实践，现今情况下不同创新主体之间联系得还不够紧密。

二、协同创新主体风险收益

一是创新本身的风险。国防科技创新本身具有很强的不确定性和较高的风险性。在参与军民科技协同创新的过程中，不同创新主体之间的风险偏好不同。比如国有军工企业、军队高校和军队科研院所等，在开展国防科技创新的过程中，多有国家财政的支持，具有较高的抗风险性。而民口创新企业在参与国防科技创新的过程中，针对军品研发高风险、小批量、多品种的特性，国家财政支持较少，国家和军队关于国防科技创新的风险补偿机制还未健全完善，需要独自面对创新的高风险，往往选择风险规避性策略。风险属性的不同，导致不同类型的军民创新主体之间协同创新的持续性不强，部分区域出现民口创新企业参与积极性降低的现象。

二是国防技术特性本身带来的风险成本。国防专利属于专利的一种，具有专利本身的技术特性。专利权人对专利技术的成熟性、可靠性、实用性等信息比专利购买人拥有更多的信息，这种专利技术信息的外生非对称性决定了专利的高交易成本。同时，"基础专利"的转化需要相关技术领域的共同突破才能实现真正的产业化能力，使得专利技术收益的不确定性增大，引发相应的交易成本。另外，专利的成功转化有赖于专利持有人和专利购买人实现激励相容，双方的预期收益均大于预期的成本才能达成交易。由于国防专利制度不合理，在专利交易的最佳时期进行转化十分困难，若交易双方对于收益成本达不成共识，则交易无法完成，进而制约了国防专利的转化运用[48]。由于国防专利不能尽早地转化运用，其他与之功能相似的专利首先进入市场，也会限制国防专利的转化，无法发挥推动经济社会发展的作用。国防专利的转化还涉及二次开发、军用标准和民用标准的不统一等事宜，引发较大的交易成本。

三、协同创新主体知识壁垒

一是信息壁垒。长久以来，军民创新主体在获取国防知识产权信息时的不对等和不对称情况以及国防知识产权信息平台缺失的情况在很大程度上降低了国防知识产权交易数量和交易频率，带来了较大的信息交易成本。受到传统计划体制和国防知识产权的保密性要求的影响，军队内部和军民之间缺乏透明的国防知识产权信息平台，保密专利的公开范围较小，以"国防专利内部通报"形式对外发布，一定程度上限制了民口企业获得国防知识产权信息的权利[49]。此外，国防知识产权在军民创新主体之间的信息不对称和获取的途径较窄，使得军地科研单位在国防项目研发过程中对军方实际需求和军民两用技术需求难以很好地了解和把握，供需双方难以实现有效对接。2015 年，首批国防科技工业知识产权转化目录中118 个项目（含专利 600 余件）的发布，是破解国防知识产权信息不对称的重要举措，但面对大量的国防知识产权存量和每年新增加的国防知识产权流量，仍有很大的提升空间。

二是技术壁垒。技术壁垒在这里主要指军民标准不够融合、产生较大市场交易成本的情况。军用产品和民用产品在产品使用环境上有较大的不同，但组成两种产品的零部件、系统模块等却有着很强的通用性。长期以来，军用标准和民用标准处于相对独立运行的状态，随着技术产业发展的不断变化，两个标准体系之间的融合发展是大势所趋。关于军民标准交叉重复的情况，军民创新主体之间的知识异质程度较大，导致国有军工企业与民口创新企业在承担武器装备科研生产时，产生更多的技术研发成本，且由于在开展国防科技创新时的风险偏好和成本偏好不同，打击了民口创新企业等参与的积极性。

四、协同创新政策制度环境

一是国防知识产权管理制度不够合理。依据科斯定理①，国防知识产权转化的交易成本并不为零（或很低），其产权制度的设置对交易成本有着很大的影响权重。由于国防知识产权权属配置不合理，产权制度引起的无形交易成本较大。国家拥有国防知识产权的所有权、处置权和收益权，使得国防科研和装备采购合同成为一种偏利共生性质的契约，国防科研单位和人员得不到相应的权益保障，降低了国防知识产权的利用效率。另外，我国虽然规定了国防专利变更密级、解密的程序，但由于国防知识产权解密制度不健全、审批制度较为复杂和专门的管理机构缺乏，我国国防专利解密工作开展的次数较少，组织制度不合理造成的无形交易成本较大。产权不确定和产权难以配置引起的无形交易成本，从"机会成本"的角度来看，事实上使潜在的交易成本无限大，阻碍交易的实现，造成的效率损失较大[50]。

二是知识产权法律制度和司法体系不够健全。由于我国还未建立完善的国防知识产权相关的法律制度和司法体系，对于国防知识产权的违约行为、机会主义行为形成不了有效的监督和惩罚，造成了较大的交易成本。从现今的法律层面上来看，涉及国防知识产权的法律法规不够健全，且法律位阶普遍较低，缺乏一部完善而系统的国防知识产权法，制度安排的权威性和有效性不足[51]。另外，从司法体系上来看，虽然知识产权法庭相继设立，但是统一审判标准、提高司法效率、提升审判组织专业能力的问题仍没有得到解

---

① 科斯定理由经济学家罗纳德·科斯提出，认为在交易费用不为零的情况下，不同的权利配置界定会带来不同效益的资源配置。

决，我国的知识产权诉讼的平均赔偿额仍与美国等发达国家具有很大差距，很难补偿相关企事业单位和个人的损失，对知识产权侵权的制约不够[52]。国防知识产权作为国家知识产权的重要组成部分，其司法体系的完善也是需要解决的现实难题之一[53]。

三是军民科技成果转移转化政策缺乏操作性。一方面，关于国防知识产权转化运用的政策法律制度还不健全、较为分散，在涉及一些具体操作的重要事项上规范不明，缺乏可操作性。另一方面，军队以及军工企业内的科技成果转化政策与国家科技成果转化政策的对接衔接不畅，出台的一些政策无法落实到创新主体的实际推动之中。另外，在推动军民科技协同创新的过程中，如军工企业与"民参军"企业合资成立新企业方面，具体的政策不够弹性，很多的政策对双方达不成激励相容的效果，打击了双方的积极性，影响了技术研发合作的进程。

第三节　协同创新网络知识链运行的激励机制

军民科技协同创新网络中，直接开展知识创新的主体有国有军工企业、民口创新企业和院校科研院所三类创新主体，不同创新主体在军民科技协同创新网络中的角色定位不同。民口创新企业在网络、新材料、人工智能等国防高新技术领域积累了差异化竞争优势，是推动军民科技协同创新发展的重要主力军，也是优化国防科技工业发展产业结构的重要动力之一。国防科技创新具有国防效益和经济效益的双重属性，民口创新企业具有自身的市场机制优势，同时对国防效益与经济效益的有机结合具有天然的诉求。国家相关管理机构着力探索新型的推动军民科技协同创新发展的机制设计，着力挖掘优势民口创新企业开展颠覆性创新和为国防服务的巨大潜能。推动优势民口创新企业参与武器装备科研生产也是政府的重点关注领域和政策着力领域,其中一个重要方面就是降低优势民口创新企业"参军"的准入门槛,提升政策运行的效率。基于自身行业领域、创新实力、国防科技创新研发项目类型、社会网络关系等方面的不同,优势民口创新企业在参与武器装备科研生产时的成本和收益考量方面呈现出异质性的特征。下面基于委托代理模型,以民口创新企业参与研发的国防科技创新项目在国防效益和经济效益的产出函数为切入点,分析政府和军队如何激励民口创新企业开展国防科技创新。

一、激励模型假设

假设 1:根据霍姆斯特罗姆模型,我们假定国防科技创新成果的国防效益函数形式为 $Y_1 = \alpha\pi x + \varepsilon$,国防科技创新成果转化的溢出经济效益函数为 $Y_2 = \beta\pi x + \varepsilon$,其中 α 代表国防效益转化因子,β 代表民口创新企业自身经济效益转化因子,π 代表民口创新企业的知识创新能力,x 代表民口创新企业付出的努力水平,ε 度量众多外部不确定因素对国防科技成果创新的影响,不失一般性,假设 $\varepsilon \sim N(0, \sigma^2)$,$\sigma^2$ 表示开展知识创新的外部风险。显然 σ^2 越大,表明外部不确定因素波动性越大,研发创新则越不稳定。

假设 2:假设政府和军队对民口创新企业的奖励收益分配安排为 K,有 $K = K_0 + \theta Y_1$,其中 K_0 为固定研发创新补贴,θ 为激励性收益分配比例,在研发创新结束时,政府和军队根据研发创新成果产生的国防效益对民口创新企业进行收益分配奖励。在该委托代理关系中,民口创新企业参与国防军工产品的研发生产,由于军工生产的高品质,向产品市场传递更加积极的信号,利于其打开民用产品市场,还会获得声誉等外部性收益,更易受到间接金融和直接金融方式的支持。这里的总收益分配安排有显性收益和隐性收益两部分。

假设 3：政府和军队作为国防科技创新项目的委托人，民口创新企业作为国防科技创新项目的代理人。对于政府和军队而言，投入资金进行技术研发的支出是正常财政开支，政府和军队也有足够的能力承担投入资金进行技术研发失败带来的风险，在该委托—代理模型中是属于风险中性型的。而对于民口创新企业来说，开展技术研发的成败在一定的程度上关系到下一次是否能够获得政府和军队的订单、资金支持和税收优惠以及自身的声誉问题。因此，民口创新企业基于自身长远利益的考量，在该委托—代理模型中是属于风险厌恶型的，假设其风险厌恶系数为 ρ。

假设 4：民口创新企业参与技术研发创新时付出努力的同时也会产生机会成本，假设民口创新企业的机会成本为 $C(x) = \frac{1}{2}bx^2$，b 代表民口创新企业努力的边际成本增长率。该成本函数表示机会成本随着民口创新企业努力程度的增加而增加。

假设 5：政府和军队以及民口创新企业都是理性经济人，他们都是以自身收益最大化为目标。政府和军队作为绝对股东拟定激励技术研发创新的委托合约，民口创新企业代理国防科技研发创新，根据政府和军队给予的激励合约调整自己付出的努力水平。

二、行为主体策略

一是委托人策略。在研发创新过程中，政府和军队的目标是实现国防科技创新成果的社会效益和国防效益净收益最大化。在产出国防科技创新成果的同时也需要考虑财政资金支出带来的成本。设政府和军队的净收益 W 可以表示为 $W = Y_1 - \varphi K$，其中 φ 表示对民口创新企业进行收益分配安排中财政开支造成的边际社会成本和国防成本（$\varphi > 1$）。将前文假设函数代入，可得：

$$W = \alpha\pi x + \varepsilon - \varphi\{K_0 + \theta(\alpha\pi x + \varepsilon)\} \tag{4.1}$$

预期的社会和国防效益：

$$E(W) = \alpha\pi x - \varphi(K_0 + \theta\alpha\pi x) \tag{4.2}$$

即政府和军队的目标为：

$$\max E(W) = \max \alpha\pi x - \varphi(K_0 + \theta\alpha\pi x) \tag{4.3}$$

二是代理人策略。在研发创新过程中，民口创新企业的目标是企业确定性收益最大化。根据前文假设，民口创新企业的净收益为 $W_P = Y_2 + K - c(x) = \beta\pi x + \varepsilon + K_0 + \theta(\alpha\pi x + \varepsilon) - \frac{1}{2}bx^2$，然而由于收益的不确定性，民口创新企业考虑的是期望净收益的大小，即：

$$E(W_P) = K_0 + \beta\pi x + \theta\alpha\pi x - \frac{1}{2}bx^2 \tag{4.4}$$

前文已假设民口创新企业是风险厌恶型的，所以其确定性净收益 I 等于期望净收益减去风险成本 M，风险成本 M 可以表示为：

$$M = \frac{1}{2}\rho VAR(W_P) = \frac{1}{2}\rho(1 + \theta^2)\sigma^2 \tag{4.5}$$

那么民口创新企业的确定性净收益可以表示为：

$$I = E(W_P) - M = K_0 + \beta\pi x + \theta\alpha\pi x - \frac{1}{2}bx^2 - \frac{1}{2}\rho(1 + \theta^2)\sigma^2 \tag{4.6}$$

民口创新企业目标为企业确定性收益最大化，即有激励相容约束条件为：

$$\max I = \max\left\{K_0 + \beta\pi x + \theta\alpha\pi x - \frac{1}{2}bx^2 - \frac{1}{2}\rho(1 + \theta^2)\sigma^2\right\} \tag{4.7}$$

同时民口创新企业确定性净收益需要高于其保留收益 ω，因为只有这样，民口创新企业才会有动力选择开展研发创新，即民口创新企业理性约束条件为：

$$I \geqslant \omega \qquad (4.8)$$

根据上文描述和假设，政府和军队的策略是保证民口创新企业基本收益的条件下使得预期社会和国防效益最大化，那么政府和军队最优激励机制的设计就等同于求解以下委托代理模型：

$$\max E(W) = \max \alpha \pi x - \varphi(K_0 + \theta \alpha \pi x) \qquad (4.9)$$

$$s.t. \max I = \max \left\{ K_0 + \beta \pi x + \theta \alpha \pi x - \frac{1}{2}bx^2 - \frac{1}{2}\rho(1 + \theta^2)\sigma^2 \right\} \quad (4.10)$$

$$I \geqslant \omega \qquad (4.11)$$

根据上文激励相容约束条件式（4.10），民口创新企业作为被激励者，确定性收益最大化的一阶条件为：

$$\frac{\partial I}{\partial x} = \beta \pi + \theta \alpha \pi - bx = 0 \qquad (4.12)$$

解得民口创新企业努力程度 x 与政府和军队激励性收益分配比例 θ 的关系式为：

$$x = \frac{\beta \pi + \theta \alpha \pi}{b} \qquad (4.13)$$

根据民口创新企业的理性约束条件式（4.11）$I \geqslant \omega$，理论上，政府和军队只要保证民口创新企业能够参与研发创新，结合成本考虑，政府和军队是不愿意支付过多的激励性报酬的，即 $I = \omega$。由此可得固定研发补贴 K_0 的表达式为：

$$K_0 = \omega - \beta \pi x - \theta \alpha \pi x + \frac{1}{2}bx^2 + \frac{1}{2}\rho(1 + \theta^2)\sigma^2 \qquad (4.14)$$

将得到的 x 表达式（4.13）与 K_0 表达式（4.14）代入政府和军队的目标式（4.9），政府和军队的目标函数变为：

$$\max E(W) = \max \alpha \pi x - \varphi\left(\omega - \beta \pi x + \frac{1}{2}bx^2 + \frac{1}{2}\rho(1 + \theta^2)\sigma^2\right) \quad (4.15)$$

由上式可以得出政府和军队收益最大化的一阶条件为：

$$\frac{\partial E(W)}{\partial \theta} = \frac{\alpha^2 \pi^2 - \varphi \alpha^2 \pi^2 \theta - \varphi b \rho \sigma^2 \theta}{b} = 0 \qquad (4.16)$$

解得政府和军队的最优激励性收益分配比例 θ^* 为：

$$\theta^* = \frac{\alpha^2\pi^2}{\varphi\alpha^2\pi^2 + \varphi b\rho\sigma^2} \tag{4.17}$$

将 θ^* 表达式（4.17）代入 x 表达式（4.13）中，得到职务发明人最优的努力程度 x^* 为：

$$x^* = \frac{\varphi\alpha^2\beta\pi^3 + \varphi b\pi\alpha\sigma^2 + \alpha^3\pi^3}{b(\varphi\alpha^2\pi^2 + \varphi b\rho\sigma^2)} \tag{4.18}$$

三、影响因子分析

1. 国防科技创新成果的社会效益和国防效益转化因子对政府和民口创新企业委托代理关系的影响：

$$\frac{\partial\theta^*}{\partial\alpha} = \frac{2\alpha b\rho\pi^2\sigma^2}{\varphi(\alpha^2\pi^2 + b\rho\sigma^2)^2} > 0$$

$$\frac{\partial x^*}{\partial\alpha} = \frac{\alpha^4\pi^5\beta^2 + 3\alpha^2\pi^3 b\rho\beta^2\sigma^2}{b\varphi(\alpha^2\pi^2 + b\rho\sigma^2)^2} > 0$$

由此可以得出如下结论。

结论 1：政府和军队对民口创新企业的收益分配力度以及民口创新企业付出的努力水平与研发创新成果的社会效益和国防效益转化因子正相关。

结论 1 表明，当创新成果的社会效益和国防效益转化因子越大，即创新成果产生的社会效益和国防效益越高时，政府和军队对民口创新企业的收益分配力度和民口创新企业付出的努力水平就越高。创新成果的社会效益和国防效益将对民口创新企业参与研发的积极性和政府及军队对民口创新企业的收益分配力度产生正效应。

该结论的合理性和经济意义是非常明显的。事实上，当创新成果产生的社会效益和国防效益很大时，研发创新的成败将会对社会发展和国防实力产生较大影响，进而也会对民口创新企业的下一次国防订单的获得以及企业声誉造成较大影响。在这种情况下，一方面政府和军队为了提高研发创新成果的成功可能性和创新成果社会效益和国防效益的产出量，必然会提高对民口创新企业的收益分配力度以充分激励民口创新企业研发创新的积极性。另一方面，作为理性经济人的民口创新企业，他们会意识到该研发创新的重要性以及预期收益的可观性，也必然会积极投入研发创新从而获取更多的经济收益和未来的发展。

2. 经济效益转化因子对政府和民口创新企业委托代理关系的影响：

$$\frac{\partial x^*}{\partial \beta} = \frac{\varphi\alpha^4\pi^5 + \varphi\alpha^2\pi^3\rho\sigma^2 + b\varphi\alpha^3\pi^3\sigma^2 + b\varphi\alpha\rho\pi\sigma^4 + \alpha^5\pi^5 + \rho\alpha^3\pi^3\sigma^2}{b\varphi(\alpha^2\pi^2 + b\rho\sigma^2)^2} > 0$$

结论2：民口创新企业付出的努力水平与研发创新成果的经济效益转化因子正相关。

结论2表明，当创新成果的经济效益转化因子越大，即创新成果产生的经济效益越高，民口创新企业付出的努力水平就越高。

该结论的合理性和经济意义也是非常明显的。事实上，当创新成果产生的经济效益很大时，作为理性经济人的民口创新企业，会意识到该研发创新的重要性以及预期收益的可观性，也必然会积极投入研发创新从而获取更多收益。

依据国防科技创新成果的国防效益转化因子和民口创新企业自身的经济效益转化因子两个系数的大小，国防科技创新项目可大致分为如表4-1所示的四种类型。

表4-1　国防科技创新项目类型

	经济效益转化因子	
国防效益转化因子	高，高（1）	高，低（2）
	低，高（3）	低，低（4）

第一种类型：国防效益转化因子和经济效益转化因子均比较高，代表国防应用前景和商业应用价值都比较高的产业领域，如北斗导航工程项目、大飞机项目和超级计算机项目等。

第二种类型：国防效益转化因子较高，经济效益转化因子比较低，属于国防应用价值较高而商业应用价值较小的产业领域，如面向与民用使用环境较大不同而在特殊环境使用的军用电源、军用车辆发动机等领域，军转民的难度较大。

第三种类型：国防效益转化因子比较低，经济效益转化因子比较高，属于国防应用价值较低而商业应用价值较高的产业领域，如国防使用频次较低却能带来广泛商用价值的航天服、纸尿裤、植物种植等航天系列产品。

第四种类型：国防效益转化因子和经济效益转化因子均比较低，属于国防应用价值和商业应用价值均比较低的产业领域。由于国防科技研发的导向并不仅仅是经济效益的导向，还有国防系列产品供应商对外依赖度的风险考量，应对经济效益转化因子较小的领域予以重点关注。

这四种类型的国防科技研发项目类型不同。国防效益转化因子更大，则对国防建设的贡献更大，更易得到中央政府和军队的支持；经济效益转化因子更大，则对经济建设的贡献更大，更易得到地方政府的支持。民口创新企业属于高新技术产业，民口创新企业除能得到国防补贴支持外，还享受国家的高技术研发补贴、地方政府的奖励支持补贴等，如参与第一种国防科技创新项目类型中的北斗导航工程项目，能得到全部支持方式的共同补贴，而第二种、第三种、第四种类型则不一定能得到全部支持方式的共同补贴。另外，还有开展国防科技研发项目时固定资产投资支出方式的不同，国有军工企业在固定资产投资上的创新风险主要由国家相关经费承担，而民口创新企业在固定资产投资上的创新风险多由自己承担。这些都需要分门别类制定不同的政策，在军品批量小、不稳定的特点下，设计更好激励民口创新企业的创新风险分担方式。

在激励优势民口创新企业参与武器装备科研生产方面，各区域制定了相应的政策措施，围绕军工资质和参与军工科研生产项目进行资金奖励和配套资金拨付，还有不少区域制定金融手段支持优势民口创新企业的实施办法，设立专门服务军民融合发展的金融机构，推动金融系统与财政系统的联动支持，开展金融产品服务创新，破解融资困境的难题，立体化全方面支持民口创新企业的发展。我国工业产业可分为技术创新源、技术创新通径等类型[54]。根据全军武器装备采购信息网发布的企业名录来看，计算机、通信和其他电子设备制造业的企业数量位居榜首，信息传输、软件和信息技术服务业次之，排在企业总数的第二位。以上两个产业领域均属于技术创新源产业类型，也属于国防效益转化因子和经济效益转化因子均较大的产业领域，对国防建设和经济建设均有较高的贡献率。下一步可围绕民口创新企业本身所在行业的国防效益转化因子和经济效益转化因子进行更具化分类，依照企业所属的技术产业领域来制定有针对性的激励政策措施，构建国防科技工业的开放竞争产业格局，以实现国防效益和经济效益的有机平衡发展。

第四节　协同创新网络知识链运行的演化进程

在对军民科技协同创新参与主体的复杂性和多样性深入认识的基础上，建立演化博弈模型，对各创新主体在开展协同创新中的动态博弈过程进行研究，并分析各创新主体达成博弈均衡状态的对应条件。在军民科技协同创新网络中，政府、军口创新主体、民口创新主体存在着强烈的互动关系，并在协同创新过程中通过不断博弈来谋求自身利益的最大化，在一定的条件下达成三个创新主体利益激励相容的格局，使合作创新的有利性得到保障。同时，开展军民科技协同创新的创新项目属于高新技术创新类型，具有高风险性、累积性的特征。面对高新技术创新的风险属性，军民创新主体的行为呈现出一个发展演化的过程。军民创新主体因为信息不对称以及延后性等问题，往往难以在一开始就确定最佳方案和路径，而是在有限理性的前提下，根据自己的利益诉求，逐渐调整策略方案，最终实现动态平衡。

一、演化条件设定

现借鉴张健[22]和张笑楠[55]的演化博弈模型展开分析。

假设1：军民科技协同创新网络的博弈主体包括政府、军口创新主体、民口创新主体，三者都是有限理性的经济人。

假设2：军口创新主体和民口创新主体是军民科技协同创新网络中开展协同创新研发的两个博弈主体。在开展动态博弈的过程中，军口创新主体和民口创新主体二者的策略集均为｛协同，不协同｝。这里就有两种情况，军口创新主体和民口创新主体双方进行协同创新或是独立开展创新，分别对应着选择"协同"策略和选择"不协同"策略。现在对军口创新主体和民口创新主体两者选择"协同"策略和选择"不协同"策略的概率进行假定，分别对应着 α 和 β，$(1-\alpha)$ 和 $(1-\beta)$。博弈主体不断试错、动态博弈演化的状态在二维坐标区域 $[0,1] \times [0,1]$ 上表示。

假设3：为了保证军民科技协同创新的顺利开展，政府需要给予一定的资金支持。由于军口创新主体和民口创新主体具有不同的资源禀赋，在军民科技协同创新网络中扮演角色不同，政府提供的资金分配不同。假定政府对军民科技协同创新网络提供的总支持为 k，θ 表示政府对军口创新主体的资金分配系数，$1-\theta$ 则表示政府对民口创新主体的资金分配系数，其中 $0 < \theta < 1$。同时，在给予资金支持的同时，政府对军民双方创新主体的创新行为利用奖励和惩罚的方式实施监管约束，对不选择"协同"策略的博弈创新主体予以惩罚，罚金值设为 ωk，ω 为罚金比例，且 $\omega > 1$，并将罚金 ωk 奖励给选择"协同"策略的博弈创新主体。

假设 4：当军口创新主体和民口创新主体均选择"不协同"策略时，假定二者不进行高新技术创新的正常收益分别为 w_1 和 w_2，其中 $w_1 > 0$，$w_2 > 0$。非协同情形下，军口创新主体和民口创新主体中有一方不遵守合同约定，履约的博弈创新主体从自身的技术创新中获得收益，同时不履约的博弈创新主体从外部市场整体获得超额收益。在两者进行独立开发的情形下，假定 Δw_1 为军口创新主体独自进行高新技术研发获得的收益，Δw_2 为民口创新主体的独自收益，其中 $\Delta w_1 > 0$，$\Delta w_2 > 0$，λ 为超额收益系数，其中 $0 < \lambda < 1$。假定在协同情形下带来的合作收益为 Δw，在对军口创新主体和民口创新主体两者的收益分配比例的安排上，分别设定为 μ 和 $1-\mu$，其中 $0 < \mu < 1$。

假设 5：非协同情形下，假定军口创新主体和民口创新主体两者进行高新技术创新的成本分别为 c_1 和 c_2；协同情形下，假定高新技术创新的总成本为 c，因为协同带来的成本节约效应，设总成本 $c = c_1 + c_2 - \Delta c$，军口创新主体和民口创新主体两者投入的成本比例分别为 ν 和 $1-\nu$，其中 $0 < \nu < 1$。由此得出，军民科技协同创新网络中，军口创新主体和民口创新主体在以上五个假设的条件设置

下，其博弈支付矩阵如表 4 - 2 所示。

表 4 - 2　军民科技协同创新网络博弈支付矩阵

		民口创新主体	
		协同（β）	不协同（$1-\beta$）
军口创新主体	协同（α）	$w_1 + \mu\Delta w + \theta k - \nu c$	$w_1 + \Delta w_1 + \theta k - c_1 + \omega k$
		$w_2 + (1-\mu)\Delta w + (1-\theta)k - (1-\nu)c$	$w_2 + \lambda\Delta w_1 - \omega k$
	不协同（$1-\alpha$）	$w_1 + \lambda\Delta w_2 - \omega k$	w_1
		$w_2 + \Delta w_2 + (1-\theta)k - c_2 + \omega k$	w_2

二、演化均衡过程

从军民科技协同创新网络的博弈支付矩阵中可以得出，军口创新主体在进行博弈选择"协同"和选择"不协同"的期望收益 U_I^1、U_I^2 以及最终的平均收益 U_I 分别为：

$$U_I^1 = \beta(w_1 + \mu\Delta w + \theta k - \nu c) + (1-\beta)$$
$$(w_1 + \Delta w_1 + \theta k - c_1 + \omega k)$$

$$U_{II}^2 = \beta(w_1 + \lambda\Delta w_2 - \omega k) + (1-\beta)w_1$$

$$U_I = \alpha U_I^1 + (1-\alpha)U_I^2$$

所以，军口创新主体的复制动态方程为：

$$F(\alpha) = \frac{d\alpha}{dt} = \alpha(1-\alpha)(U_I^1 - U_I^2)$$

$$= \alpha(1-\alpha)[(\mu\Delta w - \nu c - \Delta w_1 + c_1 - \lambda\Delta w_2)$$

$$\beta + \Delta w_1 + \theta k - c_1 + \omega k]$$

同理，在博弈支付矩阵中，民口创新主体在进行博弈选择时对应的 U_{II}^1、U_{II}^2 和 U_{II} 分别为：

$$U_{II}^1 = \alpha[w_2 + (1-\mu)\Delta w + (1-\theta)k - (1-\nu)c] +$$

$$(1-\alpha)[w_2 + \Delta w_2 + (1-\theta)k - c_2 + \omega k]$$

$$U_{\mathrm{II}}^2 = \alpha(w_2 + \lambda\Delta w_1 - \omega k) + (1 - \alpha)w_2$$

$$U_{\mathrm{II}} = \beta U_{\mathrm{II}}^1 + (1 - \beta)U_{\mathrm{II}}^2$$

所以，民口创新主体的复制动态方程为：

$$F(\beta) = \frac{\mathrm{d}\beta}{dt} = \beta(1 - \beta)(U_{\mathrm{II}}^1 - U_{\mathrm{II}}^2)$$

$$= \beta(1 - \beta)\{[(1 - \mu)\Delta w - (1 - \nu)c - \Delta w_2 + c_2 - \theta\Delta w_1]\alpha +$$

$$(1 - \theta)k + \Delta w_2 - c_2 + \omega k\}$$

进行局部稳定性求解。令 $F(\alpha) = 0$；$F(\beta) = 0$。军民科技协同创新网络演化系统存在 5 个局部均衡点，分别为 $O(0, 0)$、$M(0, 1)$、$N(0, 1)$、$H(1, 1)$ 和 $P\left(\dfrac{c_2 - (1 - \theta)k - \Delta w_2 - \omega k}{(1 - \mu)\Delta w - (1 - \nu)c - \Delta w_2 + c_2 - \theta\Delta w_1}\right.,$

$\left.\dfrac{c_1 - \Delta w_1 - \theta k - \omega k}{\mu\Delta w - \nu c - \Delta w_1 + c_1 - \lambda\Delta w_2}\right)$。同时，军民科技协同创新网络演化系统均衡点的稳定性，由雅克比矩阵得出。因此，军口创新主体和民口创新主体两者的复制动态方程组成的雅克比矩阵为：

$$J = (1 - 2\alpha)[(\mu\Delta w - \nu c - \Delta w_1 + c_1 - \lambda\Delta w_2)\beta + \Delta w_1 + \theta k - c_1 +$$

$$\omega k]\alpha(1 - \alpha)(\mu\Delta w - \nu c - \Delta w_1 + c_1 - \lambda\Delta w_2)\beta(1 - \beta)[(1 - \mu)\Delta w -$$

$$(1 - \nu)c - \Delta w_2 + c_2 - \lambda\Delta w_1)(1 - 2\beta)\{[(1 - \mu)\Delta w - (1 - \nu)c - \Delta w_2 +$$

$$c_2 - \lambda\Delta w_1)]\alpha + (1 - \theta)k + \Delta w_2 - c_2 + \omega k\}$$

由此，可以进一步开展对军民科技协同创新网络演化系统的分析。

情况 1：当 $c_1 - \Delta w_1 - \theta k - \omega k > 0$，$c_2 - (1 - \theta)k - \Delta w_2 - \omega k < 0$；或 $c_1 - \Delta w_1 - \theta k - \omega k < 0$，$c_2 - (1 - \theta)k - \Delta w_2 - \omega k > 0$；或 $c_1 - \Delta w_1 - \theta k - \omega k < 0$，$c_2 - (1 - \theta)k - \Delta w_2 - \omega k < 0$ 时。根据演化轨迹示意图可知，系统无论从任何初始状态出发，都会收敛到 O 点，即如果是上述三种情况，军民科技协同创新的优势是无法体现的，军口创新主体和民口创新主体选择不协同。军民科技协同创新

网络创新主体博弈演化过程的示意图如图 4 – 3 所示。

情况 2：当 $c_1 - \Delta w_1 - \theta k - \omega k > 0$，且 $c_2 - (1 - \theta)k - \Delta w_2 - \omega k > 0$ 时，均衡点的分析结果由表 4 – 3 呈现。通过对表 4 – 3 的分析研究，由此可以得到，在军民科技协同创新网络演化系统以上的 5 个局部均衡点中，其中 O （0，0）、H （1，1）呈现演化稳定的趋势；两个不稳定点则为 M （0，1）、N （1，0），P

$$\left(\frac{c_2 - (1 - \theta)k - \Delta w_2 - \omega k}{(1 - \mu)\Delta w - (1 - \nu)c - \Delta w_2 + c_2 - \lambda \Delta w_1} , \frac{c_1 - \Delta w_1 - \theta k - \omega k}{\mu \Delta w - \nu c - \Delta w_1 + c_1 - \lambda \Delta w_2} \right)$$

为鞍点。根据演化轨迹图，无论初始状态怎么样，经过动态反复博弈，军口创新主体和民口创新主体的博弈选择会向同一个策略（协同或者不协同）趋近。在图 4 – 3 中的四个区域中，当初始状态分别落在 A 区（四边形 $OMPN$）和 B 区（四边形 $MPNH$）时，军口创新主体和民口创新主体的博弈最终收敛将对应为点 O （不协同）和点 H （协同）。

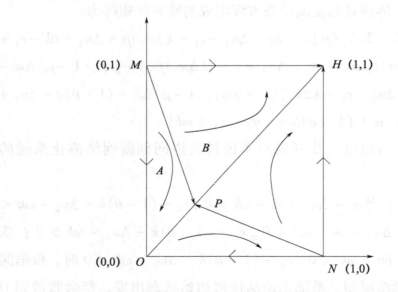

图 4 – 3　军民科技协同创新网络创新主体博弈演化示意图

表4-3 均衡点局部稳定性分析结果

均衡点	$\|J\|$符号	tr(J) 符号	结果
O	+	-	ESS
M	+	+	不稳定点
N	+	+	不稳定点
H	+	-	ESS
P	-	0	鞍点

三、演化结果分析

在军口创新主体和民口创新主体动态博弈的过程中，其演化路径和演化稳定策略会随着上述设定中的政府奖惩机制、博弈主体付出的成本和得到的收益等多种因素的影响。以图4-3展开分析，A 区域的面积由 S_A 表示，B 区域的面积由 S_B 表示。军民科技协同创新网络创新主体博弈演化的结果由 S_A 和 S_B 的相对大小得出：当 $S_A < S_B$ 时，军口创新主体和民口创新主体选择协同的概率大于不协同的概率；当 $S_A = S_B$ 时，军口创新主体和民口创新主体选择协同和不协同的概率相同。因此，通过分析 S_A 的影响因素，可以得出影响军口创新主体和民口创新主体选择协同创新策略的因素，根据图4-3计算 A 区域的面积为：

$$S_A = \frac{1}{2}\left[\frac{c_2 - (1-\theta)k - \Delta w_2 - \omega k}{(1-\mu)\Delta w - (1-\nu)c - \Delta w_2 + c_2 - \lambda \Delta w_1} + \frac{c_1 - \Delta w_1 - \theta k - \omega k}{\mu \Delta w - \nu c - \Delta w_1 + c_1 - \lambda \Delta w_2}\right]$$

现分析政府行为对军民科技协同创新网络创新主体博弈演化结果的影响。

政府支持资金数量大小的变化产生的影响。根据 A 区域面积 S_A

表达式可知，$\dfrac{\partial S_A}{\partial k} < 0$。由此得出，政府支持资金数量变大，$S_A$ 随之变小，军民科技协同创新概率随之变大，军口创新主体和民口创新主体两者更加愿意选择协同策略。因此，发挥政府支持的重要作用，适度增大政府支持资金数量，能够使得军口创新主体和民口创新主体趋于协同创新、实现共赢，产生更多的协同创新成果。随着军民科技协同创新发展的不断深入，中央政府、军方和地方政府支持军民创新主体协同研发的政策如税收政策、补贴政策、奖励政策等更加丰富和立体化，政策设计的实施更加精准化，关于各区域开展军民科技协同创新的典型示范案例将会越来越多。

政府惩罚金系数大小的变化产生的影响。为了减少军口创新主体和民口创新主体有一方单独不履约的可能性，政府作为领导和调整军民科技协同创新的核心力量，需要给予激励的同时加强监督，提升对军口创新主体和民口创新主体的约束力，建立良性合作机制，保证军民科技协同创新实现帕累托最优。根据 A 区域面积 S_A 表达式可知，$\dfrac{\partial S_A}{\partial \omega} < 0$。由此得出，政府惩罚金系数变大，$S_A$ 随之变小，即最后军口创新主体和民口创新主体选择协同创新的概率会增加。可见，政府通过调整惩罚金系数的大小，可以有效促进军民科技协同创新发展。因开展军民科技协同创新的成果产出涉及国家国防建设发展的安全利益，比一般的协同创新更应受到重点关注。除通过调整惩罚金系数的大小进行监督外，还可建立企业信用记录清单制度，对恶意违约的军民创新主体进行资金处罚和社会信用资本降低并行的监督方式，达到更好的监督效果。

现分析军口创新主体和民口创新主体合作行为对协同创新演化结果的影响。

创新总成本和成本分配比例的变化产生的影响。根据 A 区域面

积 S_A 可知，$\dfrac{\partial S_A}{\partial c} > 0$。由此得出，军口创新主体和民口创新主体选择协同创新的概率与需要投入的总成本两者呈现负相关的关系，随着军口创新主体和民口创新主体成本的不断增加，带来 A 区域面积的增大，系统向 O 点收敛，军口创新主体和民口创新主体选择协同创新的概率变小。同时，军口创新主体和民口创新主体单独进行技术创新投入的成本也会影响军民科技协同创新的概率，由于 $\dfrac{\partial S_A}{\partial c_1} < 0$，$\dfrac{\partial S_A}{\partial c_2} < 0$，所以军口创新主体和民口创新主体独自进行技术创新投入的成本越高，A 区域的面积就会越小，将会趋于 H 点演化，即二者选择进行协同创新。当 S_A 对 ν 求二阶偏导数，可得 $\dfrac{\partial^2 S_A}{\partial \nu^2} > 0$。由此得出，军民科技协同创新概率随着成本分配比例 ν 的变大，呈现出先变大后变小的趋势，变大趋势与变小趋势转换的临界点对应的便是最优成本分配比例。在军民创新主体成本分配方面存在正式契约和非正式契约两种方式，通过互动博弈的过程，达成最优的成本分配契约。

　　创新收益和收益分配比例的变化产生的影响。根据 A 区域面积 S_A 可知，$\dfrac{\partial S_A}{\partial \Delta w} < 0$。由此得出，创新收益变大，$S_A$ 随之变小，军民科技协同创新概率随之变大，军口创新主体和民口创新主体两者更加愿意选择协同策略，向 H 点演化的概率变大。可见，对于国防应用价值和商业应用价值都比较高的技术创新项目，军口创新主体和民口创新主体进行协同创新的意愿相对来说更加强烈。当 S_A 对 μ 求二阶偏导数，可得 $\dfrac{\partial^2 S_A}{\partial \mu^2} > 0$。由此得出，军民科技协同创新概率随着收益分配比例 μ 的变大，呈现出先变大后变小的趋势，变大趋势与变小趋势转换的临界点对应的便是最优收益分配比例。本书主要讨论的是军口创新企业和民口创新企业以产出分享模式进行收益分配。对于军民科技协同创新的创新产出来说，分为国防创新产出和商业化创新产出两个部分，两部分的知识产权索取权和利益的分配由军民创新主体共同协商决定。

第五节 案例分析：××大学的知识协同实践

在推动军民科技协同创新发展的进程中，不少军民创新主体围绕知识协同开展了自身的探索和实践。军民创新主体开展知识协同创新，获得国防应用价值与商业应用价值的双重拓展，是军民科技协同创新网络与一般性协同创新网络有所区别的体现之一。以××大学为例，在相关国防技术创新领域既达到了技术的领先地位，又对地方经济产生了巨大的溢出效应，国防效益和经济效益有机融合，取得了推动军民科技协同创新发展的显著成功。本节以××大学的知识协同实践作为典型案例进行分析，具体主要有知识协同基础、知识协同路径和知识协同机理三个方面。

一、知识协同基础

××大学作为中央军委直属的一所军事高等院校，受到国防部和教育部的双重领导和支持，完成了多项军民两用技术研发或是军用技术研发知识协同的国防需求项目，得到国防资金和国家资金的配套资金支持。××大学具有国防科技创新能力的良好储备，又由于国家科技创新需求和国防科技创新需求的带动，不断提升自身开展军民两用技术创新的实力，产生了一批良好的兼具国防效益和经济效益的科技创新项目，如超级计算机系列、北斗导航项目、激光陀螺项目等。

　　××大学拥有良好的国防科技教育资源和多学科交叉优势，入选国家"985 工程"和"双一流"建设行列。同时，拥有一批优秀的国防技术创新团队，研发创新能力强，取得了多个世界领先的创新成果。多年来，与产业创新主体和地方政府建立了良好的创新合作关系，实现了学科建设、创新团队建设、产业创新建设三者的互为依托、相互促进，产生源源不断的创新发展活力。××大学的国防科技创新成果拥有广泛的国防应用价值和商业应用价值，辐射带动作用强，属于本书定义的四种国防科技创新项目类型中的第一种类型，更易得到中央政府和军队以及地方政府的支持。如"天河一号"系列超级计算机，不仅能够算天、算地、算人，还能在国家国防需求、经济发展、科技创新等一系列复杂性计算应用上提供普通计算机难以完成的超级计算能力服务。其与多个产业技术领域具有广泛联系，起到了对国内多个区域经济发展的辐射带动作用。

二、知识协同路径

　　为了充分挖掘和发挥自身良好国防科技教育资源和国防技术资源的区域辐射带动作用，××大学与区域政府、企业等创新主体一起开展了多种知识协同方式的探索和实践，如专利许可、创新集群、共建实体机构、合同科研、创新合作、衍生公司、创新合作、教育培训等[56]。下面主要从共建实体机构、创新合作和创新集群三个知识协同的方式展开案例分析。

　　一是与地方政府合作共建实体机构。为了更好地推进军民两大创新系统的知识协同，××大学作为军队创新主体，与相关政府部门进行了不少的合作探索。与地方政府开展合作，成立以军民融合协同创新院为代表的实体机构，是推动××大学国防科技成果转化的重要途径，有效解决了××大学作为军队创新主体难以开展国防知识产权交易的体制性障碍，实现了国防知识产权转移转化后的价值增值，同时为国防科技成果交易中介的搭建奠定基础[57]。先后与湖南省政府共建产业技术协同创新研究院、与吕梁市人民政府共建军民融合协同创新研究院、与天津市滨海新区共建军民融合协同创新研究院、与厦门市和中国电子信息产业集团共建军民融合协同创新研究院，有力支持和推动了麒麟操作系统、北斗导航系统、物联网、飞腾 CPU、激光陀螺、微纳卫星、机器人等战略性新兴产业的发展。以创新研究院和天河中心为标志，××大学军民融合协同创新平台建设走在了军队院校和科研院所前列。其中，××大学与湖南省政府合作时间最长、最为深入，同时适应国家相关科技管理政策和军队相关管理政策的改革要求，不断创新新的合作模式。2016 年，在共建创新研究院、天河中心等实体机构的基础上，建设以产业园区为载体的创新合作平台，进一步提升国防科技创新成果向国防应用价值和商业应用价值转化的效率效益，对区域经济产生了有力的促进作用。××大学与政府共建的实体机构名称、地点、成立时间及共建单位属性具体如表 4 – 4 所示。

表 4 – 4　共建实体机构信息

序号	实体机构名称	地点	成立时间	共建单位属性
1	天河中心	天津市	2009 年 5 月	地方政府
2	天河中心	长沙市	2010 年 10 月	地方政府、民口高校
3	天河中心	广州市	2011 年 11 月	地方政府、民口高校
4	创新研究院	长沙市	2012 年 10 月	地方政府
5	创新研究院	吕梁市	2012 年 10 月	地方政府
6	创新研究院	天津市	2014 年 3 月	地方政府
7	创新研究院	厦门市	2015 年 4 月	地方政府、国有军工企业

二是与企业等创新主体开展深入的军民两用技术研发创新合作，形成"军转民—民参军—民支军"的正向激励链条。具体来说，××大学拥有一批高质量的国防科技创新成果，通过创新合作的方式为优势民口创新企业提供互补性和异质性知识，促进优势民口创新企业技术创新能力的提升，然后，优势民口创新企业依托自身的产业化平台优势和市场化优势将技术创新能力转化为具有差异化竞争力的国防产品，成为国防产品的供应商，同时，优势民口创新企业为××大学的进一步研发创新提供产业化平台支撑和资金支持，实现动态发展、良性互动的创新闭环。例如，××大学和株洲时代新材公司两个创新主体，一个具备技术研发的基础，一个具备产业化的基础，具备良好的创新合作条件。2007年，两者签订了创新合作协议，开展了新材料领域军民两用技术转移转化合作。××大学通过株洲时代新材公司的产业化平台，将自身的国防科技成果转化形成具有竞争力的民品，为株洲时代新材公司开拓了民品市场，实现了"军转民"。由于两者研发合作的新材料领域具有很强的军民两用性，技术研发能力过硬，又为进入国防军工市场奠定了基础，株洲时代新材公司现已作为优势民口创新企业参与武器装备科研生产，实现了"民参军"。在这个过程中，株洲时代新材公司为××大学每年提供上千万级别的国防科研经费支持，所在课题项目组取得了一系列的科技创新成果，获得了国防关键技术攻关能力的持续提升，实现了"民支军"[58]。同时，××大学与人工智能、网络、光电技术、装备制造等多个领域的创新型企业、院校科研机构开展创新合作，共同进行军民两用技术的研发创新，合作专利数排名靠前的部分合作单位名称以及创新合作方向具体如表4-5所示。

表4-5 合作单位信息

序号	合作单位名称	合作方向	合作专利数
1	北京控股磁悬浮技术发展有限公司	中低速磁浮列车	67
2	北京哈工大计算机网络与信息安全技术研究中心	物联网	37
3	北京合天智汇信息技术有限公司	物联网	37
4	湖南晟芯源微电子科技有限公司	集成电路设计与应用	27
5	湖南源信光电科技有限公司	计算摄影学	16
6	中国科学院软件研究所	数据库系统	15

数据来源：湖南省知识产权信息服务中心网站

三是通过军民两用技术和人才的溢出效应培育区域创新集群。××大学作为国家信息产业技术领域的重要研发创新主体，拥有超级计算机技术、"飞腾系列"CPU、北斗导航系统技术、麒麟操作系统等多项军民两用科技创新成果，同时在国防科技创新成果的研发过程中培育了一批军民两用科技创新人才队伍。以××大学的军民两用科技创新成果为基础，开展技术转移转化工作和创新人才向区域的流动工作，有力支持了长城银河、湖南麒麟、极光安联、季高信息、上容信息等一批信息产业领域创新型企业的成长和发展，形成信息安全领域的创新集群，其中，长城银河、湖南长城等创新型企业是国家自主可控计算机整机领域的重要研发和产业化创新主体[59]。多家军民两用技术研发领域的创新型公司的公司创始人均来自××大学，如景嘉微公司、天津深之蓝海洋设备科技有限公司等。在××大学军民两用技术人才向区域流动的过程中，地方政府采取了相应的人才奖励配套政策。长沙市开福区以××大学为轴心，打造了华创国际、福天兴业、凯乐微谷等双创基地，采取相应的配套奖励政策吸引××大学军转人才入驻，推动创新网络效应的发挥。湖南省产业技术协同创新研究院负责××大学军民两用技术成果在湘转化，其投资公司名称、投资比例以及公司业务具体如表 4 - 6 所示。

表 4 - 6　湖南省产业技术协同创新研究院投资公司信息

序号	投资公司名称	投资比例	投资公司业务
1	湖南高地光电科技发展有限公司	100%	激光陀螺
2	湖南省产业技术协同创新有限公司	100%	产业孵化、产业投资
3	湖南省导航仪器工程研究中心有限公司	30%	卫星导航系统
4	湖南长城银河科技有限公司	30%	国产自主可控计算机
5	湖南智领通信科技有限公司	20%	软件无线电
6	北斗（长沙）导航产品检测认证服务有限公司	20%	北斗卫星导航系统
7	湖南锐眼图像科技有限公司	15%	智能化技术研发
8	湖南化身科技有限公司	5%	三维人体建模技术应用

数据来源：天眼查网站

三、知识协同机理

×× 大学在与企业、院校科研机构等创新主体开展知识协同的过程中，知识协同的需求主要是具有高风险、高不确定性、强辐射带动效应特点的产业技术研发项目，无论是天河系列超级计算机为代表的国家重要的科研基础设施，还是以北斗导航工程为代表的产业基础设施，这种强辐射带动效应决定着其与知识密集型企业之间的广泛深入联系，例如"天河一号"超级计算机在天津市滨海新区连续 5 年实现满载运行。由于开展创新合作的国防科技创新项目具有广泛的国防应用价值和民用价值，参与的军民创新主体多为知识密集型的高新技术企业，使得项目在开展过程中更易得到来自中央政府以及地方政府相关部门的政策支持，创新主体之间开展知识创新合作的可持续性强。

开展国防科技创新本身具有高投资、高风险、高不确定性的特点，风险越高，成本越高，创新主体之间开展知识协同的难度会越高。××大学受到国防部和教育部的双重领导和支持，承担的科技创新项目多为国防资金和国家资金配套支持项目，开展创新的风险主要由政府和军队资金进行承担。又由于××大学与其他创新主体开展创新合作的项目，多为以高新技术产品或工程为目标的应用性研究项目，已经跳过了基础研究的阶段，直接开展产业孵化，创新的风险降低，创新主体之间的创新合作更容易展开。在各创新主体开展知识协同的整个过程中，国家与军民创新主体共同承担国防科技创新的创新风险，实现了国防应用价值和商业应用价值的双重拓展。

同时，政府在××大学的知识协同实践中起到了重要作用。一方面，由于××大学作为军队院校，面临着军队不能经商与国防科技成果转化需求的政策限制，与政府共建实体机构，政府作为第三方开展国防科技成果转化的运营和管理，解决了政策性限制，实现了政策机制的创新。另一方面，政府提供资金、土地等方面的政策支持，为各创新主体之间开展知识协同提供了有效激励。××大学与区域的高新技术企业开展深入的知识协同创新，形成创新的网络效应，为区域发展提供了发展新动能，也为区域政府创造出了更多的税收来源，与区域政府形成了激励共容。

知识协同创新产生的国防应用价值和商业应用价值能够带来国防市场和民用市场的双重拓展，而不是一般性协同创新网络对民用市场的单方面拓展。国防科技创新成果的拥有者可以采取更加多元的知识协同路径，进行更为广泛深入的合作。以具有巨大国防效益和经济效益的强辐射带动效应项目为切入点，院校科研机构、国有军工企业、中央政府、地方政府、民口创新型企业等创新主体共同开展军民两用技术创新的深入合作，创造出更大的军品、民品市场效益，推动制度机制的改革和创新，形成多创新主体知识协同的激励共容，实现制度优化与市场拓展良性互动的发展格局。

第五章

军民科技协同创新网络
产业链的运行分析

军民科技协同创新网络的实现基础是产业链的发展，一方面，国防科技创新成果只有依托于产业链孵化才能实现产品化，最终推向市场，以市场利润支撑反哺军民科技协同创新网络的激励体系；另一方面，军民科技协同创新网络为产业链的发展提供了源源不竭的创新动力，以创新驱动产业链的迭代发展，为产业链提供了更加发达的生产工具和技术，创造了更多的发展空间，并最终以技术进步深化重塑产业链的形态结构，使得产业链实现了纵向一体化与垂直分离的发展形态演变，并衍生出了产业横向耦合发展的产业联盟等协同创新平台。随着科学技术的进一步发展和产业链分工的进一步深化，产业链基于比较优势形成更加具有生产效率的模块化产业组织模式，军民科技协同创新网络的产业链将呈现纵向一体化的分离和横向产业联盟加强的趋势，最终形成全要素流动、高效益的模块化产业组织模式。

第一节　协同创新网络产业链的运行机理

国有军工企业和民口创新企业等创新主体共同组成了军民科技

协同创新网络产业链。下面主要从产业链的主体要素、产业链的发展阶段、产业链运行的动力机制三个方面分析阐述军民科技协同创新网络产业链的运行机理。

一、产业链的主体要素

产业链是指国家发展的不同类型产业部门形成网链结构的联结模式，这种联结形态具备时间属性和空间属性。在国防科技工业发展的过程中，国有军工企业和民口创新企业两者之间在时间、空间两个维度上不断对接，形成国防产业组织结构。在国有军工企业和民口创新企业构成的军民科技协同创新网络产业链中，一般的情况下，国有军工企业处于产业链下游的位置，主要承担满足国防发展需求的总体任务或系统级任务，民口创新企业相对处于产业链上游的位置，主要从事武器装备分系统、整机、核心元器件以及部组件的研发生产。国有军工企业内部形成的产业链，以及国有军工企业与民口创新企业之间的产业关联呈现出跨区域连接的特征，这与我国国防科技工业布局以及国民经济发展中形成的产业布局有关。

二、产业链的发展阶段

协同创新网络产业链的发展与经济发展具有一定类似的共性，都是不断从低级阶段向高级阶段演化的过程，这个演化的过程与产业发展的内在逻辑以及技术变革的因素有关。对于国防科技工业不断发展中的单个产业链而言，产业链发展的生命周期理论可以描述其不断发展的演化过程，这个过程里包含着产生期、发展期以及衰退期等发展阶段，产业链中国有军工企业、民口创新企业的合作关系不断演化。在国有军工企业和民口创新企业的不断对接中，在同一区域内也会呈现产业集聚的特征，形成军民融合产业集群。军民融合产业集群的发展阶段特点与国防科技工业单个产业链具有一定的共性。

在协同创新网络产业链发展的初级阶段，主要以核心大型企业（一般为国有大型军工企业集团）着眼自身的发展战略延伸自身的产业链条为主。在协同创新网络产业链发展的中级阶段，各成员企业之间的横向沟通和协作不断增多，核心大型企业和中小型创新型企业均获得较好的成长和发展空间，产业链中各企业之间的联系变得更加紧密。在协同创新网络产业链发展的高级阶段，产业链中的各成员企业之间的合作关系更加紧密，形成有序的供应关系链和高度协作、深入信任的文化价值链。在协同创新网络产业链的发展迈向高级阶段后，各成员企业之间创新合作关系的网络惯性会形成路径依赖的发展模式。如若需要转型，或是发生了技术的变革，则会打破原有的路径依赖发展模式，使各成员企业之间形成新的分工关系。

三、产业链运行的动力机制

耗散结构理论和协同理论通常作为研究产业链演化方向的基础和依据。军民科技协同创新网络产业链必须置于若干个具体产业下进行分别分析，产业链的开放性、产业链系统的平衡态以及产业链系统的非线性反馈是产业链发展的动力机制，也决定着产业链发展的演化方向。

1. 产业链的开放性

协同创新网络产业链的形成，是国有军工企业、民口创新企业等创新主体不断共享信息、知识等要素，建立创新合作关系的过程。在这个过程中，国有军工企业与民口创新企业之间的连接关系不断紧密，推动产业链发展的创新型企业类型更加多元开放。在推动军民深度融合发展的过程中，中央政府与军队制定相应的产业政策措施，其导向也是要改变原先国防科技工业发展过于封闭的状况，推动国防科技工业发展的产业链之间、军民创新企业之间开展更加广泛的信息、人才、资金、知识等要素的交换，提升国防科技工业产业链发展的竞争活力。

2. 产业链系统的平衡态

产业链系统不断发展演化的过程，是一个动态的不断变化的过程，既有产业链成员企业内部连接关系的变化，又有技术变革和经济发展变化等外界环境的变化。这些变化的因素使得产业链系统的发展只能处于相对平衡状态，而非绝对平衡状态。在未出现大的技术变革以及经济发展的外界环境未发生较大变化时，产业链发展处于相对平衡的状态，产业链之间各企业成员之间的关系连接紧密，发展演化呈现出路径依赖的特征。当发生大的技术变革或是经济发展的环境发生较大变化时，将对产业链系统的相对平衡状态产生较大的影响，使之远离相对平衡状态，迈向新的阶段。

3. 产业链系统的非线性反馈效应

在经济社会发展的复杂系统运行过程中，非线性反馈效应是其中较为普遍的特征。在产业链系统的发展过程中，也存在着非线性反馈的特征。在国防科技工业发展的产业链系统中，产业链成员既包括国有军工企业，又包括民口创新企业。组成产业链的各成员企业之间的分工关系以及相互连接的关系十分复杂，各个层次相互作用影响，既有对产业链发展的正反馈效应，同时也产生对产业链发展的负反馈效应。对于整个产业链系统来说，呈现出非线性输入输出的特征。对于国防科技工业发展中的电子信息产业，其产业技术的变化较为强烈，非线性反馈效应更为显著。产业链各成员企业之间的相互影响作用呈现出非线性耦合的特征，在各成员企业互动影响的程度增强的过程中，产生产业链耗散结构的动力。

因此，在对由国有军工企业和民口创新企业组成的军民科技协同创新产业链的运行特征、演化动力机制等分析的基础上，现将从协同创新网络产业链的纵向维度、横向维度和网络化发展维度三个维度分析协同创新网络产业链的演变方向。

第二节　协同创新网络产业链的纵向演变

从军民融合发展的本体属性来看，军民融合是提升军民两大创新系统创新要素资源配置效率的重要手段。在新古典经济学框架下，军民融合打破了阻碍要素充分流动的一切体制机制，实现了国防和民用生产全要素的充分流动，从而优化了要素资源配置[60]。军民融合是国防工业转型升级、提升竞争力的战略机遇，为国防工业提供了更强的技术支持和更大的市场空间，从长远来看对国防工业的创新驱动发展和组织结构优化产生有力的支撑作用。长期以来，中国国防工业格局总体上呈现军民分割的格局，军工集团作为国防工业的绝对主体，几乎承担了从尖端武器装备型号到配套产品的生产供应，并且逐渐凭借国家支持和自身产业链主导地位，形成了纵向一体化的内部治理模式，包揽了武器装备生产的上下游链条，"大而全""小而全"的产业组织模式成为中国国有军工集团的特征。

一、产业链的纵向一体化的理论探讨

在国防市场中，政府和军队是其中的唯一用户，国防产品的生产和服务由国有军工企业和民口创新企业等创新主体提供。从国防

产品的研发设计、研发物料采购、产品中试再到成熟可靠的国防产品输送到政府和军队相关用户单位，中间一个环节连着另一个环节，形成有机连接的纵向链条。对于国有军工企业和民口创新企业等创新主体而言，处于纵向链条的哪个环节，很大程度上决定着创新主体在国防工业产业链中的地位[61]。国有军工企业和民口创新企业等创新主体的纵向关系共同构成了国防工业产业链的发展格局。军工集团的纵向一体化是指军工集团沿着国防工业产业链形成占据多个环节的发展布局，国防工业产业链条的上游到下游环节均由同一家大型军工集团控制，具体如图 5-1 所示。一般认为，纵向一体化可以促使企业做大做强，在某一领域占据市场主导地位，是大型企业确保自身利益最大化而采取的一种经营策略。

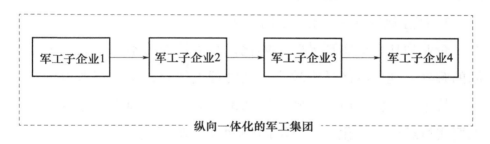

图 5-1 军工集团的纵向一体化结构

1. 产业组织理论中的纵向一体化

纵向一体化理论解释了经济活动在厂商、市场以及一些混合组织方式之间的配置。佩里认为，纵向分离则是纵向一体化的逆过程。米尔格罗姆指出，在微观经济学的理论中，完全竞争市场下纵向一体化的配置方式是低效率的，原因是增加了企业内部的沟通成本且阻碍了专业化的生产。然而在现实的经济环境中，企业的纵向一体化行为十分普遍，拉方丹根据美国的研究数据，得出企业内部交易的产品价值与通过市场交易的产品价值数量相当的结论。学者们对于纵向一体化与纵向分离即专业化生产对于企业生产经营的影响一直争论不断，管理史学家钱德勒把纵向一体化看成管理的重要手段，克拉克森等认为，在某些情况下，一个强大有力且实行纵向一体化战略的企业可以把纵向分离的企业排挤出市场。当然，反对的声音也一直不断，威廉姆森认为，企业内部的一体化不易产生低交易成本下的强激励机制，这将会影响企业的创新活动。郑方[62]区别了产业组织垂直解体的两类方式。

随着军民科技协同创新的深入发展，军民两大创新系统之间的良性互动逐渐推进，针对军民融合发展如何影响军工集团的纵向治理的问题，学术界并未展开充分研究，更多地强调军工集团应当如何推动军民融合发展，却忽略了军民融合发展对军工集团自身的治理结构产生了何种冲击影响[63]。

2. 产业链纵向一体化的因素分析

企业为什么要实现纵向一体化，经济学中的不同学派给出了不同的解释。现代经济学中较为接受的理论解释，是从获得市场定价权、技术可分性、市场不确定性和市场规模等方面来论述企业为什么要实行纵向一体化[64]。不同于国外军工集团主要由市场要素配置效率来主导企业的纵向一体化，中国的大型军工集团实行纵向一体化的治理模式，既有现实的经济动机，还有特定的历史和政治根源。

（1）军工集团具有获得市场定价权的利益诉求。中国的大型军工集团实行纵向一体化，通过控制原料采购到生产到销售各环节，可以凭借产业链主导地位，获得装备的市场定价权，从而维持自身利益的最大化。由于控制了上下游的国防工业产业链，大型军工集团可以有效通过定价策略对国防市场上的其他竞争者进行打压，对潜在的国防市场进入者形成高门槛。

（2）军工生产过程的技术可分性。技术可分性高的企业，如汽车和电子产业，中间产品众多，各模块生产相对独立，企业偏向于纵向分离，而如钢铁、化工等产业，原料来源单一、不同生产工序之间连接紧密，在一个企业内完成整套生产反而较为经济，则纵向一体化程度一般较高。武器装备生产任务具有国家指令性，直接关乎国防建设进程。在生产中，必须确保各个环节的连接紧密，确保整个生产网络运行顺畅。因此，军工集团偏向于集中控制研发生产等各个环节。

（3）国防市场信息不对称。信息不对称性，是市场经济的重要特点，市场在信息不对称的条件下会发生失灵。对于企业的组织生产，阿罗强调：为了获得较为确定的要素供需数量，避免原料供应和市场需求不确定造成的损失，倾向于实行纵向一体化，这样有利于优化上下游生产阶段的资源配置[65]。国防工业的需求主体单一，生产的计划性较强，市场相对封闭。中国的大型军工集团长期以来处于指令性计划生产体制下，原料和中间产品的调配和供给受到严格的计划制约和繁琐的行政审批，具有较大的不确定性，因此交易费用极高，为了确保原料和中间产品的供应及时有效，中国的军工大型集团便采取了纵向一体化的治理模式，保证了生产进度的可控性。

（4）国防市场规模的限制。斯蒂格勒提出，企业纵向一体化程度与其在不同产业周期拥有的市场规模密切相关。新兴或是衰退的企业由于市场规模小，进行纵向一体化有利于减少市场交易成本，而随着市场规模的拓展，进行分工和专业化生产的优势明显，企业可以按照产业模块分解，通过契约将相关生产服务功能外包，关注核心业务，纵向一体化便不再经济。

（5）管理体制因素。除了以上经济动机方面的原因，中国从国防工业建立之初建立起来的高度计划指令性经济管理体制也促使军工集团推行纵向一体化模式。中国的大型军工集团主要由多个工业主管部门转化而来，从成立之初就存在着条块分割的管理体制，对军工集团的管理分属于中央和地方各个部门，各部门都对军工集团的运营有着一定的影响。各军工集团在分管部、局的领导下，接受军品订单，生产经营和财务结算体系均与相应行业的分管部门配套，客观上也使得各个军工集团呈现各自独立、各自发展的格局。

二、产业链纵向组织模式演变的经济机理分析

军工集团内处于生产链条不同部分的下属企业，其拥有不同的生产要素。推动军民融合发展，军民企业竞争融合的过程中，原先拥有优势生产要素的企业会因参与市场竞争而获得更大的市场规模，进一步提升其效益，而拥有竞争劣势要素的企业，引入民企竞争，可能会导致其效益进一步恶化，从而在军工集团内部呈现"贫富不均"的失衡格局。为了提升整体效益，维持核心军工能力，淘汰落后产能，军工集团必然要对内部治理模式进行变革。军民融合发展会对军工集团传统的纵向一体化治理模式产生冲击。

1. 特定要素与报酬差异

国际贸易理论中将锁定在某产业中的要素称为特定要素，因此根据产业间要素能否充分流动对长期和短期进行了区分。在长期内，产业间的要素可以充分流动，要素报酬也会实现均等化，这是设想产业间不存在交易壁垒的极端理想情况。在现实中，短期内产业间的要素流动会产生交易费用，因此，在短期内假设产业间总是存在一些要素不会发生流动，即这些要素作为特定要素锁定在该产业中，成为专用性资产。产业间的壁垒使得同种要素在不同产业内产生了差异化的要素报酬。特定要素在不同产业间的报酬差异化，是产业间贸易带来的收入分配分化问题。在国际贸易理论中，特定

要素理论常被用来研究短期内国家贸易对一国经济内不同生产要素的收入分配问题。

本研究假设军民二元分割的格局下，军、民两个经济部门作为封闭经济体系各自组织生产，实际形成了两个独立完整的经济体系。从国际贸易的视角看，各自独立的军、民企业没有发生要素贸易，而军民融合发展推动了要素融合，即军、民企业之间开始开展要素贸易。因此，特定要素理论的理论框架在一定程度上适用于对军民融合中的军、民要素交易进行分析。

2. 产业链内部的要素报酬差异

（1）军工集团内的特定要素与一般要素。本书将短期内能在军民经济部门之间流动的生产要素可被称为一般要素；锁定于军或民部门，无法流动的被称为特定要素。一般要素是军工集团与民用经济部门可以进行交易的要素部分，民用经济部门参与国防市场的竞争，军、民经济部门以市场作为资源配置的基础手段开展要素交易。在市场作用下，在军、民经济部门之间交易的要素逐步实现军民通用，并按照市场价格对要素进行定价，即一般要素实现了市场化定价。而特定要素，作为军工集团特有的要素，存在资产专用性，主要是军工集团为了服务武器装备的军事需求而发展的专用要素，无法与民用部门进行市场交易，特定要素得以实现垄断定价。

（2）军民融合促使特定要素与一般要素的报酬差异化。传统的军工集团内部实现纵向一体化的治理结构，包揽了特定武器装备生产的部分或整个产业链，其内部生产要素必然存在着一般要素和特定要素的区分。随着军民融合发展的推进，军、民产业间的要素交易程度更加深化，会使得一般要素自由流动，在一体化市场的价格机制调节下，一般要素的报酬均等化。而特定要素则由于军民分割、市场价格调节机制的缺失而维持较高利润。军工集团内部要素报酬的相对平衡会逐渐被打破，发生分化。

　　具体来说，军民融合深入发展，特定要素会由于在市场中的垄断性或是比较优势而拥有超额利润，由于市场范围的扩展，其经济绩效能够进一步得到提升，而一般要素，由于相对比较优势的欠缺，会受到民用部门的竞争冲击，经济绩效可能发生恶化。推动军民融合发展，军、民经济部门发生一般要素的交易，特别是当前"民参军"的形势下，民用经济部门的一般经济要素流入军事经济部门，从而直接影响了军工集团内部的要素相对价格，一般要素的相对价格下降，而特定要素的相对价格则会上升。特定要素相对一般要素的价格上升后，两者之间的要素报酬也开始分化，特定要素由于其较高的相对价格而获得较高回报，而一般要素由于相对价格的下降，其回报也随之下降。

　　（3）军工集团内拥有不同要素的企业效益出现分化。军工集团纵向治理链条上的企业，分别拥有不同比例的特定要素与一般要素。拥有特定要素为主的企业，推动实施军民融合，由于特定要素的不可交易性，从而能够保持行业主导地位，这部分的企业其效益将不受军民融合的冲击，甚至有可能效益得到提升。拥有一般要素为主的企业，当军民融合打破传统军工集团维持的封闭格局，优势民用企业参与到国防工业，拥有一般要素的企业从军工集团内纵向一体化维持的行业主导地位逐渐走向市场竞争，其要素相对价格下降，企业的效益回报也开始下降，企业经营往往出现困难。

三、产业链纵向组织结构的演变

　　产业链纵向组织结构从纵向一体化走向纵向分离，主要有以下几个方面。

　　（1）要素报酬分化促使军工集团纵向治理结构转型。军民融合越走向深入发展，军工集团纵向一体化生产链条上，拥有不同生产要素的企业，其效益的差异就越大。谋求经济利润，实现结构转型升级的军工集团，需要遵循比较优势的发展逻辑：一方面会整合优化在军民融合中处于优势地位的特定要素企业，继续维持和提升军工核心能力；另一方面则会淘汰在军民融合的竞争中处于劣势的一般要素企业，淘汰落后产能，传统上维持的纵向一体化结构受到冲击。

（2）军工集团呈现纵向分离的转型趋势。纵向分离是与纵向一体化的逆向过程，指实行纵向一体化的企业将原有的纵向生产链条按功能区分分离出去，以配套产品服务外包采购的形式获得生产支持，从而专注于核心业务的生产，实现企业核心能力的不断增强。

（3）军工集团将保留优势企业，淘汰落后企业。军民融合的深入推进，控制上下游全过程生产的纵向一体化的结构将会趋于分离的趋势。大型军工集团会逐渐专注于核心业务的研发生产，而将不具有比较优势的业务进行外包，以市场采购的形式确保零部件的装配供应。纵向分离是军工集团应对军民融合带来的市场化冲击的企业决策，客观上能维持军工集团提高其核心业务的竞争力，培育军工核心能力。

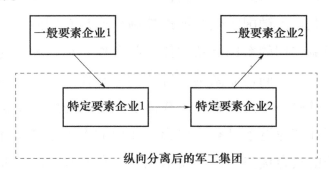

图5－2　军工集团纵向一体化的分离

第三节　协同创新网络产业链的横向演变

国防产业组织结构的发展和演变，关乎国防工业整体的资源配置效率。在军民科技协同创新网络产业链的发展过程中，产业链纵向一体化和横向一体化均在产业组织领域发挥了资源聚集、优化配置的作用，适应创新发展和产业发展的规律，企业做着横向一体化或是纵向一体化的决策。相比于纵向生产链条的资源整合，横向资源整合体现的是企业在行业的领导、带动作用。

一、产业链横向演变的内涵和意义

产业链不仅可以纵向联合，而且还可以进行横向联合，横向联合与纵向联合共同组成军民科技协同创新网络产业链资源配置的方式。横向联合主要指国有军工企业和民口创新企业等军民创新主体在国防工业产业链中的横向拓展能力。从一个角度来看，国防工业里的多个产业链条相互关联，不同产业领域和不同类型的军民创新主体可以通过不同程度的"竞争—合作"关系获得关键国防生产要素的控制权，并对与此相关的其他军民创新主体产生吸引作用，由一个或多个获得关键国防生产要素控制权或是对国防工业产业链条具有重要影响作用的军民创新主体发起合作邀请，和与此相关的其他军民创新主体共同建立激励共容的创新合作机制，实现产业链的横向联合。从另一个角度来看，获得了关键国防生产要素控制权或是对国防工业产业链条具有重要影响作用的军民创新主体，可以有效利用自身的资金优势、产业技术优势，在原有国防工业产业链条的基础上发展自身的子产业链，在子产业链成长到具有一定市场规模的时候，与原有的国防工业产业链条构成平行发展的结构，有力推动了规模效应的发挥，形成由多个相互关联的国防工业产业链条组成的产业集群。

二、产业链横向演变的主要方式

产业链的横向演变指的是产业链突破单一性，实现由线到面的产业资源整合。其演变方式主要有：在外部，国有军工企业和民口创新企业等军民创新主体通过改变资本运作方式，如通过进行合资、收购、兼并、战略联盟等手段，与其他企业共同达成合作协议以实现产业链的横向联合；在内部，国有军工企业和民口创新企业等军创新主体通过组建内部产业链，积累一定的资本优势和知识优势来提升自身的企业竞争实力，从而达成产业链的横向联合。国防科技创新领域是高风险、高投入的高技术创新领域，营造出以知识密集型产品为主的竞争环境，战略联盟或知识密集型伙伴关系是国防科技创新研究领域的重要议题之一[66]。在军民科技协同创新网络产业链中，以核、航空、航天、船舶、兵器、电子信息等领域下的国有军工集团为主体，核心军工技术产业的业务相对独立，与优势民口创新企业和院校科研院所等形成"小核心、大协作"的科技研发创新体系。政府是国防产品的单一买方，基于规避国防采购道德风险和逆向选择的情况，要在核心军工能力的研发创新主体上保持多方竞争。在军民科技协同创新网络产业链的横向演变中，进行兼并、收购等形成单一卖方垄断的情况多会受到政府的规制，采取战略联盟或合作协议等模式是其主要方式[67]。

由多个军民创新主体，如国有军工企业、民口创新企业、院校科研院所等，组成的产业战略联盟，一般由在国防工业产业链中处于核心关键地位的企业发起。基于自身产业发展的战略目标，核心大型企业选择具有差异化创新优势的战略合作伙伴，形成有利于战略目标达成的互利共赢的联盟网络，以赢得持续创新的竞争力。产业战略联盟具有产业资源整合、风险分担、合作协调以及知识创新互动积累的知识纽带等作用。在军民科技协同创新网络产业链的横向联合中，政府作为国防产品的唯一买方，以国防采购的方式为高新技术的应用发展创造市场，具有推动国防科技创新中产业结构优化的强烈诉求。同时，政府又具有汇聚和协调资源的优势地位，与产业链中的大型国有军工企业和"民参军"优势企业共同参与，可各自发挥自身的优势和功能作用，提升开展国防科技创新的效率和成功率，形成风险共担的有效机制，实现创新资源流动与配置的优化。

军民融合协同创新平台是产业链横向联合的主要方式之一，也是比较具备代表性的横向联合方式。军民融合协同创新平台是推进军民科技协同创新的重要载体，服务于政府、军队、军工企业、高等院校、民口企业等创新主体，可提升创新资源的配置效率，是贯彻落实军民融合发展战略、创新驱动发展战略和实施供给侧结构性改革的重要举措。政府作为创新主体介入到军民融合协同创新平台的网络治理中去，实行以重大军民科技协同创新项目管理为核心的治理制度，并以此作为示范效应，推动相应制度的改变，形成更多有效的战略合作网络。军民融合协同创新平台的构建，着力促进军地多元创新主体之间的创新资源流动和创新合作更加顺畅与优化，是军民科技协同创新网络中重要的中心节点之一，下面从内涵、功能、组织架构和运行机制等方面对其如何实现自身的效能进行论述。

1. 军民融合协同创新平台的内涵和功能

军民融合协同创新是提升军地创新资源配置效益的重要途径。

军民融合协同创新涉及政府部门、军队、军工企业、高等院校、民口企业、金融机构、中介组织、非营利组织等多个创新主体，每个创新主体作为一个网络节点，与不同创新主体之间的合作联结方式和信息沟通方式共同构成军民融合协同创新网络。网络节点之间的联系、整个网络的治理与创新机制以及共同遵守的网络协议均会在一定程度上影响军民融合协同创新网络的运作成效[68]。军民融合协同创新网络打破军地之间创新主体间的壁垒，军工高校、军工企业、军工科研院所与民口高校、民口企业、民口科研院所一起作为军民两用技术源，其网络结构如图5-3所示。

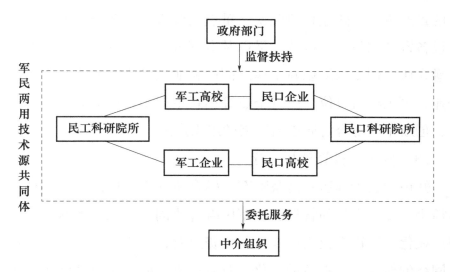

图5-3 军民融合协同创新网络结构

军民融合协同创新平台是推进军民融合协同创新的重要载体，营造有利于军民融合协同创新的环境和氛围，促进政府部门、军队、军工企业、高等院校、民口企业等创新主体之间的资源共享，推进产业链、知识链、资金链三链协同，提升军民融合协同创新网络的创新效率，切实服务于区域科技创新和产业升级。立足平台的目的和我国的现实基础，平台应具备以下几项功能。

（1）需求对接及成果信息发布

推进军民融合协同创新网络创新主体之间的信息共享是平台的基础功能。装备采购和科研项目需求以及军地科研单位技术成果的公开发布，能够积极引导优势民口创新企业、高校、科研院所等进入武器装备科研生产和维修领域，同时军地单位技术成果的展示利于技术需求方了解技术供给方的优势能力，为重大科技项目的协同攻关打下良好的基础。

（2）资源整合和优化

整合和优化创新资源配置是提升军民融合协同创新网络创新效率的重要手段。建立科研院所、重点实验室、国防重点实验室、科研设备资产和数量、科技成果以及专家人才的数据库，有效推进军民融合协同创新网络创新主体之间的科研基础设施共享。推动军工企业、军工科研单位、民口企业等创新主体组建产业联盟或业务联盟，创新军民融合协同创新网络的组织形式。

（3）知识产权管理与运营

知识产权管理运营是激励军民融合协同创新网络创新主体的有力抓手。知识产权的管理能使军民融合协同创新取得的科技成果知识产权化。知识产权化证券化与投资经营，能实现军民融合协同创新网络创新主体的效益最大化。及时跟进军队政策改革特别是人力资源政策改革新情况新要求，科学确定知识产权机构主体和发明人的权属关系，适度增加发明人的收益分成比重，有效激发军民融合协同创新网络创新主体的创新活力。

（4）产业投融资与资金保障体系

科技金融是对产品与服务、制度与政策的一系列安排，具有系统性、创新性的特点。它能促进科技开发、科技成果转化和产业化，是国家科技创新体系和金融体系的重要组成部分，也是军民融合协同创新网络的重要支撑体系。联合政府部门、金融机构，一系列科技金融产品，能够实现军民融合协同创新网络创新主体的效益最大化。

（5）军民融合协同创新评价

开展军民融合协同创新评价，为调整军民融合协同创新网络运行状况提供数据支撑。对国家和地区军民融合协同创新的发展状况开展评价，为国家、地方政府以及军民融合协同创新平台更好推动军民融合协同创新提供参考，是亟待开展的任务，也是大势所趋。

2. 军民融合协同创新平台的组织架构及运行机制

着力推进军民融合协同创新，世界上许多科技强国成立了与军民融合协同创新平台功能类似的机构，比较有代表性的是美国国防部高级研究计划局、德国弗劳恩霍夫协会。

美国国防高级研究计划局是美国推动军民融合协同创新的重要部门，将产学研等各个方面的力量汇聚到一起，从而推动刺激技术创新。该机构通过"职业项目经理人"模式和项目竞争性外包机制，整合军民融合协同创新网络创新主体，将最新的民用科技创新思路和成果应用于军事技术的创新发明，同时将军事科研创新的成果应用于民用技术的创新发明[69]。德国弗劳恩霍夫协会是嵌入德国国家创新体系内的、专注于应用研究和技术转化的组织单元，法理结构为社团法人，共有66个研究所，组成光和表面技术联盟、信息和通讯技术联盟、生命科学技术联盟、国防和安全技术联盟、材料和组件技术联盟等7个技术联盟和自适应业务联盟、快速制造业务联盟、智能生活业务联盟、汽车制造业务联盟、建筑创新业务联盟、清洁技术业务联盟、云计算业务联盟、数字影院业务联盟等22个业务联盟。该机构通过技术联盟和业务联盟的方式进行军民融合协同创新，同时通过建立科研专利中心和风险投资公司，实现军民两用知识产权管理和技术成果转化。

我国在军民融合协同创新平台的探索和实践，有力地推动了产业资源的配置整合，但在创新主体的组织、知识产权管理及投融资方面还存在一定的差距。借鉴国外军民融合协同创新平台的建设经验，有助于立足我国的现实基础，科学地设定我国军民融合协同创新平台的组织架构及运行机制。

（1）军民融合协同创新平台的组织架构

根据军民融合协同创新平台应具备的需求对接与成果信息发布、资源整合和优化、知识产权管理与运营、投融资、军民融合协同创新评价等功能，科学构建其组织架构，具体如图5-4所示。

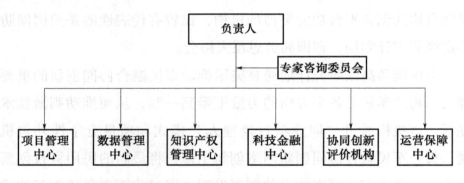

图5-4 军民融合协同创新平台组织架构

其中，院长是军民融合协同创新平台的总负责人；技术工程中心负责科研机构和科研项目的组织管理；知识产权管理中心负责知识产权咨询评估及知识产权管理制度的制定；科技金融中心负责机构产业化项目的投资业务及与基金或投融资机构的合作；协同创新评价机构负责对区域军民融合协同创新的全过程进行评价；运营保障中心负责人事、财务、行政、网络建设、宣传、国际交流等；专家咨询委员会为创新院的发展提供决策建议。

（2）军民融合协同创新平台的运行机制

依据军民融合协同创新平台的组织架构，发挥市场在资源配置中的决定性作用，有效激发军民融合协同创新网络创新主体的活力，其运行机制如下。

一是法理结构。考虑到市场化运作的原则，且平台的建设需要政府的大力支持，建议平台的法理结构为：事业单位下设立企业法人，按企业化运作，但仍按事业单位的内设部门予以支持。这样既符合这类机构的研发和服务的公共性和一定程度的公益性，又考虑了向企业和社会提供专利、技术、成果和服务的商品性。

二是技术工程中心。新建技术工程中心成本太高，耗时太长，建议对区域内现有的军队科研院所、高等院校、中国科学院、企业科研中心等科技资源进行整合，采用加盟的方式，组建技术研发联盟。参考与军民融合协同创新平台组织架构及职责类似的德国弗劳恩霍夫协会，已加盟科研机构是协会领导下的独立法人，其对已加盟科研机构的科研项目及科研成果具有管理权和所有权。考虑到军队科研院所、高等院校、中国科学院等隶属关系不同，参考弗劳恩霍夫协会直接整合加盟难度过大，建议仅保留对已加盟科研机构的军民两用科研项目的管理权，采取付费模式对加盟科研机构的科技成果转移转化进行服务。同时，技术工程中心负责建立区域内科研机构的国防重点实验室、科研设备、专家人才的数据库，协调管理区域内科研机构的科研条件设备面向国内外企业及科研机构的服务工作。

三是知识产权管理中心。建立军民融合特色专利数据库、基础知识产权数据库，搭建知识产权信息系统、知识产权交易系统、知识产权价值评估系统、知识产权挂牌备案系统、知识产权配套辅助系统等平台系统，为已加盟科研机构的科技成果开展"成果专利化、专利系统化、系统资产化、资产产业化、产业货币化、货币效益化"一条龙配套服务，确保国防科技成果转得出、用得上、有效益。国内知识产权运营市场并不完善，可借鉴国外成熟模式，引进一到两家国内外高端国防知识产权运营团队，组建知识产权管理中心。

四是科技金融中心。采取政府引导，吸引社会机构参与的模式，设立军民融合科技成果转移转化基金，并广泛联系银行、创投公司、保险公司、基金公司、担保公司等社会金融机构，搭建科技金融平台，采用科技财政投入、科技税收优惠、政府采购收购、政府创投引导基金、科技贷款、科技保险、科技债券、天使投资、风险投资等方式，切实解决科技成果转化过程中的资金瓶颈问题，对已加盟科研机构的军民融合科技成果进行投融资，同时鼓励科研人员以技术入股创立公司，加快推进科技成果转化与产业化进程。

五是协同创新评价机构。机构人员组成吸纳军民融合领域专家、科技相关领域专家，科学制定军民融合评价指标体系，开展区域军民融合协同创新评价，每一年度发布区域军民融合协同创新发展情况报告。发展情况报告内容包括区域军民融合产业总产值、军民融合科研合同数量、军民融合科技成果转移转化数量、军民融合科技成果转化绩效和奖惩情况等。

六是专家咨询委员会。人员组成包括有来自科技领域的专家、政府和公共机构的代表及工商界的精英。这样的人员构成，能保证对军民融合协同创新平台的发展方向、公共服务性、具有竞争力的运营模式等各方面的把握、平衡和提升[70]。

第四节　协同创新网络产业链的网络化演变

产业链的演进演化发展受着外界环境的影响，技术的进步变革、经济社会发展模式的变化以及分工的不断深化等因素等均影响着产业链发展的演化轨迹。产业链作为军民科技协同创新网络的重要组成部分，产业链的演化发展轨迹还与国家国防科技工业政策制度的导向有很大的关系。产业链发展模式的演化与经济发展形态背景下产业分工模式的演化分不开，不断产生新的生产力生成方式。分工模式随着时代的变化，经历了从一体化到专业化再到模块化的两次变革。这种分工模式的变化，带来了军民科技协同创新网络产业链发展模式从纵向一体化模式逐渐演化到模块化发展模式的转变。

一、产业链网络化演变的理论探讨

基于模块化分工的产业链组织模式，将产业链各成员企业相对独立的价值模块，进行了有机重组和整合，大大提升了创新要素资源的配置效率，提升了开展技术创新的效率。由于这种产业链组织模式中，各成员企业之间的连接呈现出交叉连接相互交错的网络状形态，被称为"网络状产业链"。在推动产业链发展模式演化为"网络状产业链"的脉络轨迹中，主要有以下几个方面的驱动因素。

（1）技术变革的加速推动模块化分工的形成

在影响产业分工模式不断变化的因素中，技术变革是其中的重要促发因素。知识经济时代的不断深化，对企业开展技术创新的速度和研发产品的生命周期提出了更高的要求，促使企业改变原有的创新发展模式和战略。在这种背景下，原有产业链中各成员企业之间的连接关系不再适应现有的技术创新速度的要求，使得各成员企业之间的连接关系以及企业之间内部职能部门构成发生变化，产生了模块化分工的发展模式。这种发展模式能够有机重组和整合各成员企业之间相对独立的价值模块，形成更有效率的创新组织形式，各成员企业之间的创新合作关系更加紧密，大大加速了产品创新从构思到形成最终产品的速度。

（2）创新的不确定性和复杂程度增加

随着技术的不断变革，技术创新由单个企业独立完成的组织方式，不断迈向企业之间开展协同创新的组织方式，以应对创新的不确定性更强、创新的复杂程度增强的发展趋势。企业进行新的产品创新时，需要多个技术领域的共同创新，达成集成创新的效果，单个企业很难完成多个技术领域复杂创新问题的解决工作，促使企业开展跨区域跨组织的协同合作创新。例如，美国福特公司在进行"美洲虎XKS"研发时，与日本和德国的公司均开展了深入协同合作创新。这种协同合作创新的模式，也降低了创新的风险因素，更多企业在开展产品技术创新时形成了多成员企业组成的技术共同体。

（3）企业创新的外部资源依赖性变大

企业开展创新所需的知识领域的边界，由于知识经济的不断深入发展而得到不断拓展，进而对企业创新知识的获得方式产生影响，企业更加依赖外部创新资源的支持以开展持续的创新。开展创新的知识基础，如隐性知识、新的技术知识等，很难从外部市场直接获得并加以整合应用，促使企业与其所属知识的拥有者开展广泛而深入的协同合作。模块化分工使得组成网络状产业链的成员企业形成了大的创新共同体，在这个创新共同体之中，知识流动的效率得到提升，各企业能够不断提升自身知识创新的边界。

二、产业链网络化治理模式的类型

随着军民融合的深度发展，市场力量介入到了国防工业产业链的组织模式重塑中，形成了网络化的产业链组织模式。在网络化的国防工业产业链组织模式中，军民创新主体之间以业务联系为纽带形成交易和合作并存的共生网络关系。如果说纵向一体化是企业打破原有产业组织形式，进行合并拆分的过程，那么网络化产业链组织关系的形成，则是产业链组织模式的升华重构，是对国防工业产业结构的转型升级。基于国防工业产业链中军民创新主体之间的互动关系，网络化治理模式具体可分为控制型网络、关系型网络和模块化网络三种类型。

在控制型网络的治理模式中，有一控制型的大企业对产业链的进行控制，其他中小企业主要围绕控制型企业的生产布局提供配套服务，为其提供分系统和零部件。产业布局为一个控制型龙头企业和多家配套中小企业形成共生网络的关系，控制型企业对整个产业链的最终产品进行研发生产并提出零部件产品需求，众多中小型企业为控制型企业提供配套生产和保障服务。由于资产专用性投资的限制，配套的中小企业转换其产品供应方的成本较高，因此往往只能依附于控制型企业，而控制型企业则可以在共生网络关系中，对配套中小企业实现控制和监督。控制型网络的进入和退出门槛都较高，并且市场结构较为稳定。

关系型网络的治理模式中，不同企业之间基于长期合作产生的信誉、信任等隐性契约来执行交易关系，企业规模一般都不大，生产管理相对灵活，高度分散化的网络结构能够有效应对市场需求的变化，市场进入和退出的门槛比较低，生产和交易周期都较短。而模块化网络中，则是由一个品牌运营商主要负责公司战略制定、核心产品研发和市场营销等，将过程制造全部外包出去，由一系列专业厂家完成。

对于模块化网络关系，青木昌彦指出现代生产组织愈加复杂，整个生产系统将遵循生产计划进行分解，独立出来的生产子系统就是生产模块。当生产系统内的不同模块遵循某种共同的设计规则和标准，这些模块就能够成为独立的创新子系统，每个模块就能够进行并行设计，"模块化创造了选择权"，系统只需要挑选最好的模块设计进行组合，就能够提升系统整体的创新水平。

三、"主导企业—外围企业"控制型网络的形成

侯光明认为，军民融合的产业集聚形态多呈现卫星式布局，形成"主导企业—外围企业"的产业链条。从现有国防工业的布局看，大型国有军工集团仍然是国有军工产业链的领导者，主导了武器装备型号的研发生产，绝大多数民口创新企业在研发水平、资金实力等方面均处于相对劣势的地位，主要是作为军工配套企业从事配套产品和其他服务保障的供应。在现有产业布局下，军工集团应对军民融合带来的市场化冲击时，会形成控制型网络的治理模式。如图5－5所示，大型军工集团居于产业网络的核心，其他企业围绕产业网络核心开展配套研发生产。

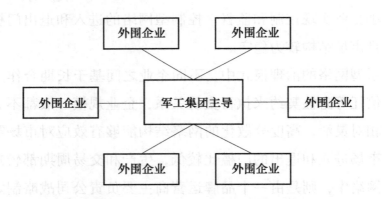

图5－5　"主导企业—外围企业"的控制型网络治理模式

控制型网络治理模式的形成，对于现有国防工业的产业组织结构优化、提升军工集团的生产效率产生积极影响。

引导和整合经济社会的整体能力资源，为经济社会支持国防建

设带来了现实可行的实现路径。以军工集团的装备型号任务为牵引，以市场供求关系为媒介，吸纳众多民营企业成为装备型号的配套厂商，形成控制型网络的产业治理结构，是国防工业军民融合深度发展在产业层面的具体体现。大型军工集团作为控制型网络治理模式中的牵头厂家，吸纳和引导经济社会的优势能力和资源进入国防工业。军工集团控制了产业网络的性质和任务走向，并以明确的需求和稳定的订单控制了众多配套企业。控制型的网络治理模式，打破了计划经济体制下军工集团形成的"大而全"的纵向一体化治理模式，在市场需求的引导下，众多配套企业参与到装备型号任务中，有效地拓展了国防工业的参与主体，整合了经济社会的优势资源进入到国防工业，增强了经济社会整体资源支撑国防工业发展的重要基础性作用。

扩大国防工业的市场规模，呈现规模报酬递增的网络正效应。军工集团和众多配套企业通过交易关系形成共生网络。市场参与主体数量和交易频率的增加，扩大了市场规模，为国防工业的发展提供了空间条件；产业链环节的分解使得分工和专业化水平得以提升，延伸了产业链的发展。网络化的产业结构促进了分工和专业化水平的提升，使得市场规模的扩大和产业链的延长成为可能，规避了狭小市场规模和有限的产业链造成的边际报酬递减，使得国防工业的发展呈现了规模报酬递增的网络正效应，促进了经济增长。

加速技术进步，淘汰军工集团落后产能，有利于孵化高新技术，培育核心军工能力。网络化的产业模式，产业链的分工更加细化，网络化的交易模式使得专业化水平提升的同时增加了中间产品的数目，新技术和新产品不断涌现，整个市场的技术变迁速度会加快。

军民融合的深入发展，剥离在市场竞争中不具有比较优势的产业链模块，军工集团得以摆脱"大而全""小而全"的低效率生产组织模式，有利于加速淘汰落后产能，转而专注于核心业务的研发和生产。在控制型的网络治理模式中，众多的配套企业提供生产研发的配套服务，军工集团可以集中资金和人力加快关键技术研发，为高新技术的孵化创造条件，有利于提升核心竞争优势，培育核心军工能力。

第五节　案例分析：××军工企业的产业链演变过程

××军工企业从单一封闭的武器科研生产基地发展成为一个现代化大型军民融合企业，这一历史性跨越是军民融合发展对于国有军工集团产业链组织模式演变进行塑造的典型案例。

一、发展基础

××军工企业的前身为××基地，是在我国国防工业区域布局调整的背景下建设形成的。××军工企业在推动军民科技协同创新发展的过程中，实现了自身核心能力的不断提升，并形成了更为合理化的企业管理机制，拥有机械、电子、航天等多个产业领域的系列军民两用技术与产品。改革开放前，××军工企业一直是一个单一的封闭式的军品科研生产基地，在市场化改革与公司制浪潮的推动下，基地逐渐打破封闭格局，参与市场竞争，坚持走军民融合式发展道路，逐渐发展成为综合能力较强的大型军民融合企业集团。

二、演变过程

××军工企业的产业链演变过程，既与国家国防科技工业产业政策和区域布局的调整有关，又与中国特色社会主义市场经济体制的不断发展进程有关，同时又与企业着眼自身的发展目标和发展前景进行的探索创新有关。这三个方面的影响因素并不是相互独立产生影响的，而是共同塑造着××军工企业的产业链演变进程。

20世纪60年代，机械、电子、航天等多个产业技术领域的国防生产企业进入遵义，与国防生产企业一起迁入的，还有与企业人员相关的配套服务设施建设。医院也迁移到这里，并建立子弟学校，大学教育之前的教育阶段均可以在子弟学校完成。一个企业基地及周边就是一个封闭的小社会，在企业基地内部生产运作更是一个完全的纵向一体化集团，组装产品的生产流程所需的零部件均来自企业集团内部，几乎与外界市场化的生产配置方式隔绝。

20世纪80年代中期，基地在市场化改革的背景下进行产品战略转型，开始尝试生产少量民用商品，其中风华机电厂生产的电冰箱产销量一度位居全国第四位，后期由于经营情况不善而最终趋向停产，这一不良状况也传导到了与之相关的整个生产链条，引起基地的整体发展受阻。此时，基地管理层抓住机遇，以自身的存量资产为基础，与海尔集团市场化的管理方式、精益求精的企业文化相融合，利用海尔集团优势资源盘活了原有的国有资产，进入了营业收入不断增长的阶段。合作后第二年，就成了当地第一利税大户，扭转了原先的发展受阻局面。东西部要素资源禀赋和发展制度优势互补，国有军工集团与优势民用部门企业融合发展，带来了巨大的经济利益。

20世纪90年代中后期，基地的部分企业亏损较大，发展缺乏活力。为了改变这一状况，基地从企业发展实际出发，积极大胆探索创新，调整了企业的产权结构和发展战略，推动了企业的市场化改革。在企业管理体制中引入市场机制的力量，增强企业发展的创新活力，基地下属企业贵州航天电器股份有限公司的上市便是把市场与竞争引入从企业经营管理生产到科研开发的每一个环节。2005 年至 2006 年期间,贵州航天电器股份有限公司从中国电子元件百强企业中的第 64 位跃升至第 39 位。

初期的军转民实践仅仅是为了企业发展的盈亏平衡,并没有从根本上意识到发展民品市场的重要性,也没有意识到与优势民用部门企业合作的必要性。为了进一步深化优势民用部门企业的创新合作,实现更高的产业发展效益,2002 年,××军工企业建立贵州航天高新技术产业园。到 2007 年 12 月止,已累计完成投资 20 多亿元,产业园区内国有军工企业和优势民用部门企业共计 40 多家,形成了创新联动效应,现已成为贵州省内重要的企业集聚地之一。通过推动产业园区的建设,使得航天产业集聚,军民创新主体之间的合作与交流不断加深,优势互补,极大地发挥了国防军工产业的辐射带动与溢出效应。

全球经济趋缓的背景下,××军工企业依托自身优势,加强推进与国内大型企业集团的产业合作,打破所有配套设施与零部件生产都由企业集团内部上下游企业完成的生产经营格局。集团积极走出去,打开市场局面,多次到大庆油田、中联重科等国内大型企业集团洽谈项目,实现自身民用市场的进一步拓展。同时,集团下属各企业也积极开拓民用市场,投身市场竞争。例如,集团下属企业航天电器,广泛为电子、航空等产业领域生产配套产品,用户遍及军用市场、民用市场和国际市场。

××军工企业牵头组建了贵州省军民融合产业联盟,军工企业、民营企业、院校科研机构、金融机构共同参与、强强联合,集聚产业发展资源,促进不同类型、不同领域的军民创新主体之间的创新合作。通过产业联盟的方式,国防科技工业产业链的横向资源整合取得较大成效,吸引外省、外国的产业配套项目进驻贵州,加大军民融合产业的集聚效应，促进"政产学研金"合作的步伐不断加快。

××军工企业紧紧抓住市场机遇，适应政策环境的变化，主动作为。军工产业一直是王牌支柱，其民品产业的发展却是一个通过调整发展战略实现扭亏为盈、重新崛起的过程，与军工产业板块一起构成××军工企业的发展动力。这种拓展民用市场实现多元化经营战略的探索实践经验具有很强的代表性。在军民融合深度发展的大背景之下，国有军工企业与民营企业共同参与武器装备竞争性科研生产，国防科技工业的产业组织模式由单一的国有军工集团内部提供，演变到与国内外企业整合优势资源、形成上下游供应链衔接配套的良性互动局面。

三、演变机理

大型国有军工集团的纵向治理关系是为了适应市场化的竞争机制而不断演变。军民融合深入发展，逐步打破军、民市场的分割局面，国有军工企业与优势民营企业开展生产要素的流动与交易，由于国有军工集团内部不同生产要素相对比较优势的差异，使得其要素报酬出现差距。为提高企业经营绩效，发挥优势生产要素，淘汰落后生产要素成为军工集团的理性选择。大型国有军工集团长期形成的"大而全"的纵向一体化治理结构会逐步趋于解体，取而代之的是以国有军工集团为主导，众多武器装备分承包商共同参与的控制型网络治理模式。

在这一过程中，国防军工产业链分工与整合交替出现、共同发挥作用。军民融合能够促进国防军工产业链内的产业分工，深化分工水平，提高分工质量，从而提升武器装备能力建设水平。对于国有军工集团来说，如何整合现有科研生产要素，通过纵向治理关系的变革，提升企业效益，纳入优势民营企业推动武器装备科研生产，则是企业提升自身实力、成功参与国际竞争的重要路径。军民融合的深入发展最终建立在国家整体工业优势的基础上，整合全社会优势产业资源，形成跨越军、民界限的分工生产网络。

加快形成军民融合生产网络，政府资源配置机制应当与市场资源配置机制有机结合、共同作用、有所作为。健全政策支持举措，如对在推进军民融合发展的过程中利益受损的国有军工企业，不应当利用单一的行政手段采取"输血"的方式补救，而是应当及时进行产业升级和改造，淘汰企业发展过程中的落后产能。进一步完善社会保障功能，建立有效补偿机制，妥善安置推进军民融合发展过程中利益受损的企业员工。同时，应当加强国防军工产业链的培育孵化，以大型国有军工集团为龙头，充分利用民用市场的优势，将民营企业纳入武器装备研发生产链条，破除阻碍军、民企业交易的政策壁垒，创造条件为产业链的发展提供政策支持和基础设施条件，加快形成军民融合的国防军工产业链。

第 六 章

军民科技协同创新网络
资金链的运行分析

在军民科技协同创新网络运行过程中，金融支持是产业发展和知识创新的"黏合剂"和"催化剂"，现代金融的诞生极大地促进了现代产业化的发展，催化加速了科技创新和产业链发展的进程。科技金融有力支撑国家创新驱动发展，也是国防科技发展的重要支撑体系，是国防科技工业知识链与产业链形成更大创新产出的重要保障。政府通过财税金融政策与市场作用机制下的银行、风险投资机构等资金供给主体共同参与对国有军工企业、"民参军"企业、院校科研院所等发展所需资金的供给。资金供给主体与资金需求主体之间的相互作用形成资金链运行过程中的资金流动循环。本章从军民科技协同创新网络资金链的运行机理、运行模式、动力因素、路径策略四个方面展开分析，并以××银行为例分析了资金链支持军民科技协同创新网络知识链和产业链发展的路径方式，实现资本良性循环增值的过程。

第一节　协同创新网络资金链的运行机理

一、资金链的概念内涵

军民科技协同创新网络的资金链是指满足国有军工企业、"民参军"企业、院校科研院所等创新主体开展国防科技创新的资金供给链条。资金需求主体主要包括国有军工企业、"民参军"企业、院校科研院所等，资金供给主体主要包括政府财政、国有商业银行、基金管理机构、投资机构、担保机构等，资金供给主体与资金需求主体之间的相互作用形成资金链运行过程中的资金流动循环。资金供给主体与资金需求主体之间的相互关系体现为科技创新发展与金融发展的有机互动特性，资金链是在政府机制和市场机制共同作用下的科技金融服务体系。2009 年，学者赵昌文提出，政府财政与社会资本注入是推动科技创新发展的重要资金供给方式。2011 年7 月，科技部发布关于国家科技发展的规划，指出其内涵定义体现为政府财政投入与金融资本、社会资本等各类资本之间的联动关系，着力实现企业等资金需求主体与多元资金供给主体之间的有机结合。政府财政、金融资本、社会资本成为支撑国防科技工业知识链与产业链形成更大创新产出的重要资金供给主体，催化加速国防科技创新发展的进程[71]。

对于科技金融服务体系的内涵定义，一部分学者从科技创新与金融发展的互动关系，金融发展如何服务于科技开发与成果转化以及产业发展的方式进行了阐释，还有部分学者从科技创新的规律以及企业发展生命周期的角度对科技金融的本质进行定义，紧扣我国经济社会发展的方向和趋势。但是，科技金融的概念内涵并不是固定不变的，而是随着科技创新与相关政策的模式变化而动态调整变化的，新的科技金融形式如互联网众筹等不断涌现，其内涵的界定还需在未来的实践研究和理论研究中不断完成。国防科技创新发展关乎国家国防建设和经济建设，既遵循科技创新发展的规律，又与一般的科技创新发展有所不同。运行体制关乎军口创新系统与民口创新系统、国有经济与民营经济、政府作用与市场作用，与之相关的金融政策制度安排及对应的融资困境、融资结构也有所不同。学者们从金融结构与经济发展、纵向社会信用体系与横向社会信用体系、金融融资方式与国防科技创新活动之间的匹配关系等方面展开了研究。

张杰[72]从国有经济和民营经济在国家发展中的地位作用以及金融支持两者的信用体系出发，分析了国家金融体系渐进改革下纵向社会信用联系、横向社会信用联系支持国有经济和民营经济发展的实践脉络，提出发展民营经济内生的横向社会联系更加有利于破解民营经济本身的融资信用困境。林毅夫等[73]从区域金融结构与实体经济发展两者的匹配条件出发，分析了区域金融体系的功能设计如何更好服务基于区域经济要素禀赋结构优势下的企业规模特征与风险特性以及区域最优产业结构，实现区域金融结构与实体经济发展有机融合的宏观效应。范肇臻[74]在金融支持国防科技工业创新发展的概念内涵下，分析了金融支持国防科技工业发展的现状和产生金融困境的原因，认为突破金融困境的方法途径是开展现有金融制度的市场化重构，提升融资效率，实现多渠道、多层次的金融支持国防科技工业创新发展的制度安排。旷毓君等[75]从不同融资模式和政府、市场两种资源配置方式对国防科技创新活动的支持程度和匹配程度的影响出发，分析了金融体系对国防科技创新活动的支持功能作用以及国防科技创新活动本身发展内生的金融需求特性，认为金融支持国防科技创新体系应构建形成拨款体制、直接融资体制与间接融资体制、指令计划机制与市场机制以及法律法规制度体系于一体的"三体两制一系"的支持模式。

在科技创新项目选择时，依托"德瓦特里邦—马斯金"分析银行预算软预算约束的序贯均衡模型，国有银行制度和私有银行制度将对不同的项目类型有不同的选择偏好。把科技创新项目分为三种类型：一是投资周期长收益率最高的科技创新项目（最优项目），二是投资周期长收益率最低或无法收回投资成本的科技创新项目（最差项目），三是投资周期短收益率不是最高也不是最低而是介于中间的科技创新项目（次优项目）。因科技创新项目本身具有的高风险性，风险的评估和观测在项目实施的过程中才能不断清晰。在这三种科技创新项目中，私人银行制度基于自身预算约束的条件设置，最先选择的是次优回报的科技创新项目，而国有银行制度基于自身预算约束的条件设置，最先选择的极有可能是最优回报的科技创新项目，但同时选择最差的科技创新项目的概率比私有银行制度要大一些。

二、资金链的主体要素

金融一边是对资金供给资源的整合配置，另一边连着多元资金供需主体的信用体系建设。资金供给主体与资金需求主体两者的微观互动可分为两种形式，一种是两者直接进行资金交易的直接融资形式，另一种则是不直接进行资金交易、通过金融机构作为中介枢纽达成最终交易的间接融资形式。军民科技协同创新网络资金链的主体要素包括：财税支持体系、银行支持体系、资本市场体系、风险投资体系以及国防科技金融中介体系等。这些体系各自具有不同的功能作用、创新项目选择偏好，共同组成军民科技协同创新网络的资金供给需求结构。

一是财税支持体系。财税支持体系是政府介入军民科技协同创新网络资金链运行的主要途径。其中，政府引导基金是财税支持体系中的重要组成部分，运用频次高，活跃度高。基金的来源既有中央政府不同部委发起设立的国家级引导基金，如财政部与国防科工局、科技部、工信部等分别设立的支持军民融合发展、促进科技成果转化、扶持创新型中小企业、推动战略新兴产业发展的四支专项基金，有地方政府与中央政府国家级引导基金配套成立的专项引导基金，也有中央企业联合其他金融机构发起设立的支持军民科技协同创新发展的基金。发挥政府财政投入对社会资金、金融资本的引导作用，对国防科技创新发展进行间接性金融支持，推动社会资本、金融资本与国防科技创新发展的有效结合。

二是银行支持体系。在推动国家科技创新发展的过程中，银行支持体系承担着资金供需主体开展资金交易的重要中介枢纽角色。现阶段，我国银行贷款是军民创新主体开展外源融资的重要方式，也是宏观层面上融资比重占比最大的外源融资方式之一。银行支持体系包括多种银行类型，如国有商业银行、政策性银行、股份制商业银行等，开设军民融合业务，提供短期融资、中期融资以及企业债券等服务，在国防高技术企业创新发展的种子期和发展期中发挥重要作用[76]。政策性银行是其中的重要支持主体之一，积极探索贯彻国家战略举措的资金支持方式，为军民创新主体提供短期、中期、长期等不同周期利率较低的贷款资金，实现资金流动增值的可持续发展。

三是资本市场体系。资本市场是资金供给主体与资金需求主体直接进行资金交易的重要途径之一，金融资产流动性高，资金供需主体对接效率高，具有调配更大资金资源的能力，也是完善科技创新融资体系的重要发展方向。主要包括主板资本市场、中小板资本市场、创业板资本市场、科创板资本市场、"区域股权市场＋券商OTC"等，支持从大型行业龙头企业、中型发展企业到中小微企业等的资产配置和资金交易服务，形成了覆盖企业类型范围广、资金交易方式多元的资金供给体系。该资金供给体系有力拓展军民创新主体的融资来源，服务的对象主要为军工上市企业、"民参军"上市企业，以及中小型创新企业的后期发展，能够为国防科技创新企业投资主体多元化、资产证券化、专业化、规模化提供资金和平台支持。在国家推进国有军工企业的改革进程中，该资金供给体系能够盘活国有军工资产，提供多元资金交易方式的资产配置服务。

四是风险投资体系。其投资模式是在政府的政策机制引导下，或是资本投资建设比较完备的情形下，风险投资机构评估企业等资金需求主体的市场前景，将资金配置到高回报率的科技创新领域。风险投资体系是弥补中小型创新企业发展所需的"资金缺口"的重要途径，因它不能像大型企业那样通过管理现金流的方式保证自身发展资金的充足。风险投资机构通过资金注入获得中小型创新企业的股权，形成权益资本的剩余索取权，经过天使投资（AI）、风险投资（VC）、私募股权投资（PE）等一系列步骤，最后以一定的方式进行退出，获得资本增值收益。该模式的优势主要在于无担保的股权融资，支持军民科技协同创新主体的初期发展阶段，如种子期、初创期等阶段。另外，国家级科技孵化器参股风险投资公司共同服务国防科技创新主体也是重要的方式之一[77]。为了提升风险投资这一资金供给方式对军民创新主体融资的参与度，政府利用风险补偿、税收优惠、共同基金等多种方式降低风险投资机构的运营风险和交易成本[78]，同时完善创业板、新三板市场，为风险投资退出提供规范稳定的渠道。

五是科技金融中介服务体系。中介服务体系也是资金供给主体与资金需求主体开展资金交易的重要保障体系之一，主要提供信用担保、信用评级、资产评估、法律纠纷处理等服务功能。信用担保机构作为金融信用链条上的重要一环，是金融交易中产生的内生需求，为资金供给主体与资金需求主体之间的资金交易提供支撑保障。信用担保体系一般包括资金需求主体、银行和信用担保机构三方，最终目标是实现三者的风险分担和激励共容。在信用担保机构方面，市场定位有政策性、商业性和互助性，所有制形式包括国有、民营、混合所有制。中介服务机构与以上资金支持体系有机结合，共同形成科技创新与金融发展各主体之间的信用流动链条，在解决军民科技协同创新主体与金融市场之间的信息不对称问题、推动资金供需主体建立风险分担和激励共容机制等方面，发挥着重要的保障功能。

三、资金流动的运行链条

资金供给主体与资金需求主体之间的相互作用形成军民科技协同创新网络资金链运行过程中的资金流动循环。资金的供给主体（如政府、银行、风险投资机构等）与资金的需求主体（如国有军工企业、民口创新企业等）进行资金的供需交易，政府的无偿财政补贴是资金供需交易的一种特殊形式，其收益体现在国家国防实力和经济实力的增长上。资金链整个资金流动循环的过程中，金融产业部门的产业资本循环与创新型企业部门的产业资本循环发生交互，并参与到创新型企业部门的产业资本循环中去[79]。下面以银行作为资金供给主体，民口创新企业作为资金需求主体描述整个资金流动循环的过程。

银行信用贷款是企业间接融资的重要渠道之一。银行将资金以信贷的形式输送给企业，利用自留资金和资金供给主体输送的资金开展国防科技创新项目的研发，研发出商品（国防科技创新成果）后，通过国防采购和出售给民用市场的方式获得产品收益，再将资金本金及利息返还给银行。银行完成了信贷资本的价值增值，企业完成了国防科技创新项目的研发过程获得收益。具体如图 6-1所示。

在图中，G_1 是银行作为资金供给主体输送给企业的信贷资金，G_0 是企业作为资金需求主体拥有的自留资金，G_0 和 G_1 一起组成研发总成本 G_2，完成研发过程后形成商品资本 W，W 通过销售的过程形成货币资本 G_3，G_3 由 G_1、ΔG_1、G_0、ΔG_0 四部分组成，ΔG_1 作为信贷资金的利息，ΔG_0 作为企业的最后收益。

$$\begin{bmatrix} G_0 \\ G_1 \end{bmatrix} \longrightarrow G_2 - W \longrightarrow G_3 \begin{cases} G_2 \begin{cases} G_0 \\ G_1 \end{cases} \\ \Delta G_2 \begin{cases} \Delta G_1 \\ \Delta G_0 \end{cases} \end{cases}$$

| 企业 | 企业研发出商品 | 企业向银行 |
| 向银行贷款 | 出售给国防市场和民用市场 | 归还本息 |

图 6-1　银行与企业之间的资金循环过程

银行由于对信贷资本价值增值的诉求，会对企业的偿债能力开展评估，而后达成资金的交易。在资金链资金供给主体与资金需求主体开展资金交易的过程中，供求机制、竞争机制和风险收益机制等发挥作用，实现资金流动循环的达成。

一是供求机制。资金链资金流动循环是围绕资金供需双方之间的资金交易来展开的，资金的供给方和资金的需求方通过资金供求曲线形成的均衡价格来进行相应的行为选择，在具体的交易博弈中选择交易或者不交易。供求机制是资金链资金流动循环的最基本的运行机制。在军民科技协同创新网络资金链的运行过程中，政府为了达成自身的战略目标，会采取资金供给的方式，调整资金市场交易之间的供求关系。

二是竞争机制。竞争机制是资金链资金流动循环的另一基本运行机制之一。在军民科技协同创新网络资金链的运行过程中，资金的供给主体和资金需求主体均比较多元，存在着一供给主体对一需求主体、一供给主体对多需求主体、多供给主体对一需求主体以及多供给主体对多需求主体四种资金交易形式，资金供需主体之间的交易利益是通过竞争机制来达成的。竞争机制是激励资金供需双方最大限度发挥自身创造性和主动性的机制，能够有效推动资金交易形式的创新创造。

三是"风险—收益"机制。在资金链资金流动循环的过程中，资金交易项目的"风险—收益"属性在很大程度上影响着资金供给主体和资金需求主体两者的交易达成。不同的资金供给主体拥有着不同的"风险—收益"偏好。通过"风险—收益"机制，资金的供给主体与需求主体不断地进行对风险与收益的反复评估博弈，双方达成一系列保证相互目标的契约，实现资金流动循环的达成。政府可通过一定的激励政策使项目的风险—收益率发生变化，促成资金供给主体和资金需求主体达成交易。

第二节　协同创新网络资金链运行的主要模式

在军民科技协同创新网络资金链的运行过程中，主要采取三种运行模式：一是以资本市场作为国家金融供给体系的核心主体，与企业等资金需求主体开展资金流动循环；二是以银行作为国家金融供给体系的核心主体，根据国防科技工业创新主体的特点开展金融产品创新，形成资金的流动循环；三是政府为了更好地配置资金、推动相关技术战略，设置具有投资功能的辅助机构，实现协调军民产学研创新主体、资金配置、撬动社会资本的效能。

一、资本市场主导模式

资本市场主导的军民科技协同创新网络资金链运行模式，需要有成熟完备的市场经济体系和金融市场体系作为支撑，具有代表性的国家是美国。美国采取军民一体化的国防科技创新发展模式，层次分明的资本市场和成熟发达的风险投资市场为军民科技协同创新发展提供了有力的资金供给支持，军民科技协同创新发展也为资本市场和风险投资市场提供了较高的资本回报率，两者的有机良性互动确保了军民科技协同创新网络持续保持创新发展的活力。

一是层次分明的资本市场为军工企业开展上市融资、资源整合、并购重组提供资金平台支持。冷战结束后，美国国防采购支出迅速下降，军工企业面临生存发展压力，借助于资本市场开展主系统合作商、分系统合同商之间的一系列并购重组动作，实现了产业资源的优化整合，诞生了波音、洛克希德·马丁等一批大型企业集团，塑造了美国国防科技工业发展的产业格局。美国发达的市场经济体系为创新型中小企业提供了良好的融资平台，促进了创新型中小企业的做大做强，并可通过资本市场完成企业的兼并扩张、专业化规模化战略，同时可保证企业投资主体多元化，汇聚多方的资金力量支持[80]。

二是成熟发达的风险投资市场为国防科技创新发展提供多元化资金支持。现代意义上的风险投资起源于美国，风险投资市场在美国推动军民科技协同创新发展的过程中发挥了重要的资金支持作用。美国风险投资的资金来源广泛，资金在资金供给主体和资金需求主体之间的流动十分活跃，每年新投资金融市场的项目以及金额都稳居全球首位。相关分析报告显示，2018 年，美国初创企业的风投融资总额高达近 1000 亿美元，占到全球金额的近 50%，主要投向互联网、人工智能、软件等军民两用技术领域。风险贷款相比风险投资是一种更加新兴的领域，与风险投资一起为科技型中小企业提供资金供给服务。硅谷银行采取投贷联动的资金供给方式，为美国一半以上的受到风投机构注资的科技型公司提供信贷支持，支持了超过 30000 个科技型初创公司的创新发展。同时，由于建立了良好的风险管理机制，硅谷银行保持着较低的贷款坏账损失率，实现了资本增值循环的有序发展。

三是政府实施小企业创新风险投资系列计划，推动科技型中小企业发展。美国政府着眼于推动军民科技协同创新发展的制度设计和战略意向，十分重视和支持科技型中小企业的发展，协同多个政府部门，实施了以资金引导服务、分阶段科技创新服务、科技成果转化服务等为着力点的一系列计划举措[81]。向相关的风险投资机构提供配套资金支持，为科技型中小企业提供种子期、初创期等初期发展阶段的资金供给支持，促进中小企业与相关院校科研机构的创新合作，同时吸引和激励民间商业资本参与科技成果转移转化的融资真空地带，有力推动了军民两用技术领域的科技成果转移转化，提升了国家的国防实力和经济实力。

二、银行主导模式

德国采取寓军于民的国防科技工业发展模式，没有政府所属的军工企业，将国防科技工业创新发展纳入市场体系之中。在推动国防科技工业发展的科技金融支持模式中，德国主要采取了政策性银行和担保银行双重支撑的银行主导模式。

一是政策性银行对企业的多元支持模式。德国复兴信贷银行是支持创新型企业发展的重要机构之一，依托自身低成本获得资金的优势，通过转贷模式，把低利率的贷款贷向创新型企业，形成了低风险收益的长效运转机制。德国复兴信贷银行可通过开展股权融资的方式向新兴创新型企业注资，但不参与企业发展战略的具体经营管理。对不同类型创新型企业的参股比例进行了细化的区分，入市

10 年以下的小型创新型企业，其参股比重不超过 50%；对于入市 10 年以上的中小型创新型企业，其参股比例不超过 25%。同时，其还开展了夹层融资项目，以支持创建和合并后的创新型企业在前三年内的持续稳定发展。

二是以担保银行为核心建立健全资金供需主体之间的风险分担机制。通过这一融资担保体系，使得银行信贷融资的风险能够被有效地分担，从而保持产业和技术融资发展的持续健康运行。德国融资担保体系，包含担保银行、州政府和联邦政府三个主体，进行担保资金的梯次配置，联邦政府承担着最大额度的贷款担保业务。担保银行、州政府、联邦政府对应的担保额度范围分别是 5 万～100 万欧元、100 万～350 万欧元以及超过 350 万欧元。德国担保银行创立于 20 世纪 50 年代，其创立主体来源广泛，涵盖产业界、银行界、保险界等多个领域，资金来源主要由自有资金的利息收入、担保业务利润以及政策性银行德国复兴信贷银行的低息贷款等组成，为科技型企业等创新主体开展融资担保业务。多层次的融资担保体系形成了良好的风险分担机制和利益补偿机制，为资金供需主体之间的资金流动循环提供有力保障。

除了德国，我国在为军民科技协同创新主体提供资金供给支持的过程中，同样采取的是银行主导模式，具体体现为"定制式"金融服务模式、行业领域专项服务模式、供应链金融服务模式等。

"定制式"金融服务模式。四川省军工资源丰富，具有很强的军工产业优势。根据区域国防科技创新优势的特点，政府与金融业一起共同推动金融产品和融资方式的创新，采取"定制式"金融服务模式构建支持军民科技协同创新发展的资金供给体系。四川省金融机构在机构设置上建立专门服务军民融合产业发展的定向机构。因国防科技创新发展的保密性要求，军工产业所需的业务流程与银行正常的业务流程有所不同，很多银行建立了专门的金融服务机构，如工商银行在绵阳的多个分行设立相关的金融服务中心；建设银行着力探索新思路、拓展新模式，着手建设相关金融服务的事业部；绵阳市商业银行成立全国首家军民融合专业支行。针对开展军民科技协同创新的企业融资要求，在贷款和保险等领域进行专门设计，推出"军工采购贷""军工项目贷""园保贷"等多项专属金融产品和保险产品。

行业领域专项服务模式。陕西省与四川省一样，也是军工资源丰富的省份，在航空航天领域具有雄厚的产业基础和技术优势，产业链较为完整，产业集聚度高。针对陕西省军民科技协同创新的特点，长安银行将两家分行更名为军民融合支行，专门制定了军民融合贷款管理办法，同时针对小微金融服务，自主研发了国内首个小微移动营销管理平台"微道＋"，提升小微金融服务的效率效益和水平。浙商银行西安分行瞄准航空航天军工企业与相关配套中小型创新型企业形成的产业集群，推出"航空随享贷"金融产品，专门为从事航空航天军品科研生产以及阎良航空产业园区内的小微创新型企业开展贷款服务。同时，陕西省金融业积极探索金融服务的新路径、新模式，如PPP融资模式、信托贷款等，形成全方位支持军民科技协同创新发展的融资体系。西安银行、华夏银行等也专门针对陕西军工高科技企业设计了相关金融服务产品；陕西省内投贷联动的资金供给模式已展开试点，多家银行已将资金投向了"民参军"企业等军民创新主体。以上的行动举措，均取得了一定成效。但综合来看，融资难、融资贵的问题并没有得到根本性改善。

供应链金融服务模式。根据产业链发展的特点，通过供应链金融来使供应链中的企业共担风险、提升信用、与银行激励共容，可以起到提升企业融资效率、降低企业融资成本的作用，使得企业能够获得更加充足的资金供给支持。在这里，军口创新企业与民口创新企业形成的产业链，作为整个国防科技工业的创新供应链，破解了其中的融资风险和融资信用障碍，推动国防科技工业发展。供应链金融是实现这一效果的重要手段之一。四川省绵阳市开展的在线全流程应收账款融资模式，在长虹控股集团首先试用，并取得了良好的应用效果，为拓展应用在更多的军民创新主体之中起到了带动作用。该模式以产业链链条中的核心企业为纽带，在军民科技协同创新网络的产业链中，大型国有军工集团一般为其中的核心企业，利用大型国有军工集团与民口创新企业等上下游企业的军工订单、资产、企业信息等作为融资的信用背书，提升了核心企业与相关配套中小企业的融资效率，也解决了军民创新主体的融资风险和融资信用困境。

三、政府主导的"创投"模式

美国国防高级研究计划局（以下简称 DARPA）和国防创新实验单元（以下简称 DIUx）是美国为推动技术发展战略和创新资源优化配置而设立的，具有投资功能的辅助机构的重要代表。DARPA在美国高新技术研发领域充当着极其重要的角色，其军民两用成果给美国带来了巨大的国防效益和经济效益。与 DARPA 更关注内部的军事科技创新不同，DIUx 更注重借助外部创新，采用风投模式推动军民融合创新发展，是美国国防部改革的重要试验田和探路者。在军民科技协同创新网络中，包括军工企业、民口创新企业、院校科研机构、政府、中介机构等创新主体，DARPA 和 DIUx 作为政府主导的"创投"模式的重要执行机构，有效发挥了创新网络中的核心节点和关键节点作用，承担着创新网络风险承担者和信用增进机制构建者的角色，推动了军民科技协同创新网络运行效率系统性提升[82]。DARPA 和 DIUx 的典型做法主要体现在以下几个方面。

一是组建具备"天使投资人属性"的人才团队。选择优秀的投资人才组成投资团队是影响项目投资效率高低与收益大小的关键。DARPA 下辖 7 个技术办公室和 5 个职能办公室，其项目经理是由来自军方、产业界、科研界等背景人才组成的多元队伍，拥有丰富的项目投资经验，对于科研项目的组织以及未来的产业应用场景有专业的判断。DIUx 下辖三个小组，分别为军民对接小组、成果转移小组、风险投资小组，小组成员基本上是对创新企业的发展和政府的运行机制有深刻了解的人员，能有效推动军方、政府和私人部门之间的协调沟通[83]。天使投资被称为资本与经验的天然结合，天使投资人既拥有丰富的商业和管理经验，又拥有可观的资金储备，投向种子期和初创型企业和早期项目。DARPA 和 DIUx 的团队人员组成与天使投资人很类似，是拥有"天使投资人属性"的创投团队，利于在具体项目中开展与天使投资人、创业投资机构及产业界的合作。另外，两个机构均实行扁平化、合伙制的领导组织架构，减少了行动决策的层级，提升了组织运转效率和投资决策效率。

二是优化创新模式开放竞争遴选军民融合创新主体。次级企业和小型企业的创新能力和创新优势突出，是重要的参与力量。通过采用竞争性创新模式，吸引广泛的军民融合创新主体参与，尤其注重创新型中小企业的参与，是 DARPA 和 DIUx 的共同选择。DARPA 勇于采用激发性创新的方式，是美国政府推行的挑战赛创新机制的奠基者，先后在网络、通信、智能、设计制造、生物医药等军民两用技术领域举办过多次挑战赛，引导中小企业加入国防部的技术开发队伍，开放竞争遴选军民融合创新主体，同时还是较早应用"众包"模式推动产品设计的政府性科研管理机构[84]。DIUx 也采用众包创新模式的模式，在自己网站上发布军事需求，任何感兴趣的商业公司都可以参与竞争，注重初创公司的参与，来推动国防部获取优质创新资源及创意方案。同时，两者都注重减少项目管理流程，DIUx 与公司或单位签订合同，使用"其他交易协议"（OT）的基本类型，允许政府更加快速及简便地与企业签订合同，来吸引创新型中小企业的参与，拓展国防科技工业基础。

三是发挥机构和军工引领的高声誉效应撬动社会投资投入。新兴领域具有技术军民相通、产业军民兼容、设施军民共享、成果军民两用等显著特点。两者的目标诉求均为保持美国在军事上的领先地位，占领科技研发的制高点，关注军事技术创新及应用前景，同时关注军事技术未来的民用产业应用前景。DARPA 发掘并进行最早期的技术投资，并发挥军工引领优势及机构本身的高声誉效应，推动社会资金投资国防技术商业应用前景的开拓，产生了因特网、全球定位系统、新材料、人工智能等一大批具有重要影响的军民两用成果，极大扩展了国家生产可能性边界。DIUx 关注人工智能、无人系统、人类系统、信息系统、航天技术等新兴前沿领域，在硅谷、波士顿等新兴产业创新集聚区建立办公室。创新型公司本身的技术前沿性，及其军事和民用领域的广阔应用前景，是其获得投资的重要条件。这种军民应用潜力均较大的企业，得到 DARPA 和 DIUx 的认可和投资，有力促进了社会资金的后续注入。

四是发挥军地协调优势打通军民融合科技成果转化链条。DARPA 和 DIUx 处于一般创投机构投资资金的功能以外，同时注重军民融合科技成果转化及项目的后续进程，致力于打通基础研究、应用研究、产业化的转化链条，推动科技成果向产业化的跨越。DARPA 采用把研究成果与军兵种对接推动国防采购和推向民用市场等多种途径，促进元件和基础级、部件与小系统级、大型综合系统级等的技术转移转化[85]。DIUx 不仅关注于基础前沿科学探索，同时也关注关键技术攻关和样机研发等后续的技术孵化和转化。对于关注的研究项目，其会寻找到国防部里的一个潜在用户，两部门共同进行经费注入，推动技术需求方和技术供给方协同创新。项目实施前注重转化为实用能力的设计，以及注重军民融合科技成果转化的全链条管理，同时发挥其军地协调优势将技术需求方与技术供给方连接起来，有力地促进了军民融合科技成果转移转化的效率。

五是建立项目投资的容错纠错机制和风险规避机制。高新技术领域的创新具有高风险、高收益的特点，技术前沿性越强、技术成熟度越低，风险则越大。DARPA 和 DIUx 除了有宽容失败的创新氛围，同时也建立了相应的纠错机制及风险规避机制。针对所要投资的项目，DARPA 会根据保密级别分为 1～10 级，每一个级别又会根据技术成熟度再做细分，从基础发现、技术研发、样机试制到军事应用的国防科技创新全过程划分为 9 个技术成熟度等级，同时对项目资助进行分阶段投资，每一阶段都有参与机构退出或淘汰，以分类投资和分散投资相结合的方式，降低技术创新的风险[86]。DIUx 采用风险投资的采办模式，容许创新的风险，投资回报周期短，与商业周期一致，一般为 3～6 个月，允许相关失败，如果失败，重要的是快速总结经验教训。同时，DIUx 投资项目由竞标公司和风险投资、军方技术收益主体共同投资，其资金仅占投资总项目资金的较小比例，以风险共担和分散投资来降低技术创新的风险。

第三节　协同创新网络资金链运行的动力因素

军民科技协同创新网络资金链运行过程中，科技创新与金融发展形成互动的关系，金融的创新跟着科技创新发展规律下的项目风险属性提供相应的功能。以国防科技创新项目的风险收益特性为基础，中央政府、地方政府、基金管理机构、风险投资机构、资本市场等投资主体进行资金的注入。科技创新项目的风险收益特性关系着企业主体的还债能力，决定着投资主体的选择偏好和出资意愿，资金在企业主体与各投资主体之间流转，资本背后的流动是信用的流动，形成企业主体与投资主体之间的金融交易结构。在国防科技创新中的金融交易结构下，不同投资主体之间的利益协调是市场机制之间的磋商，当市场机制本身无法破解科技创新与金融发展之间信息成本与信用困境的矛盾时，政府会将自身的信用嵌入到金融交易结构中去，弥补科技创新与金融发展之间的鸿沟。影响资金供给主体与资金需求主体之间资金流动循环的动力因素主要有国防科技创新的内在特性、企业主体与投资主体之间的金融交易结构、国家金融和军工投融资政策制度、企业金融信用体系建设四个方面。

一、国防科技创新的内在特性

国防科技创新着眼于提升武器装备建设能力水平，既有一般科技创新的阶段性特点，又与军品科研生产的特点分不开。国防产品科研生产具有资金需求量大、品质要求高以及需求连续性不强等特性。同时，国防科技创新的军民两用特性，对民用科技具有较高的溢出价值，可拓展民用市场形成高增长的经济价值。开展国防科技创新的企业主体与投资方，一边是技术创新能力的拥有者，一边是技术估价方。技术创新能力代表着持续的利润增长能力，技术创新项目本身的风险收益特性决定着出资方的估价与投资决策。高投入、高门槛、高质量要求决定着国防科技创新发展的技术引领性和高风险性，同时小批量、多品种、不稳定需求决定着国防科技创新具有投资周期长、收益率稳定但持续性不强的特点。投资周期长、收益率稳定但持续性不强的科技创新项目并不是商业银行、风险投资机构等的项目选择偏好。只看军品很难得到风险投资机构和商业银行对国防科技创新的长期资金注入，也难以得出与风险投资机构和商业银行长期利益激励共容的可能性，而国防科技创新的民用经济溢出效应的高增长属性则受到风险投资机构和商业银行的青睐。推动投资主体多元化以及"民参军"收购案例是投资方对军工核心创新能力的增长前景的估计。国防科技创新不仅提供国防应用价值（公共产品属性），还能够带来商业应用价值（私人产品属性），国家撬动社会资金的潜力与民用价值的高增长潜力匹配，其内在特性的潜力通过合理的机制设置形成激励共融的安排。

中华人民共和国成立后，我国通过举国体制的创新组织模式，发展了一批国有军工企业，形成了雄厚的国防工业基础，也积累了高新技术资源优势，如"两弹一星"工程等。在这个阶段，国防科技创新主要呈现出公共产品的属性，实行政府直接投资的单一来源资金注入模式和单一的国有产权形式，财政资金是国有军工企业的最主要融资渠道。但这种军民分割的模式，在后续带来了政企不分、国防科技创新资金使用效率不高等问题，对地方经济发展的促进性不强，使军工产业链处于封闭状态。在后续推进"军转民"的过程中，国有军工企业的高新技术资源优势被挖掘出来，形成了一批民用效益高的民品系列，如长虹电视机、工程机械等，为民营经济提供了新动能。随着我国社会主义市场经济体制的不断深入展开，军民两大创新主体资本、人才等资源流动被放开，原国有军工企业的民品优势技术人才和管理人才出来创业，建立起一批具有竞争力的民营企业。在国家军民融合战略深入贯彻实施的大背景下，国防科技创新对经济的促进作用得到进一步挖掘，孵化出具有高增长前景的独角兽公司，如通过参与新材料领域国防科技创新而获得快速发展的江苏恒神股份有限公司。国防科技创新积累从纯国家财政投入到银行间接融资为主再到多元化融资方式，形成公共财政资助、创业投资机构、企业内部研发等互补性融资的有机组合方式。政府机制与市场机制有机结合运用，国防科技创新的公共产品属性有效发挥、私人产品属性得到有效激励，使得国防科技创新成为国防效益与经济效益持续增长的动力源泉。国防科技创新内在特性具体如图 6 – 2 所示。

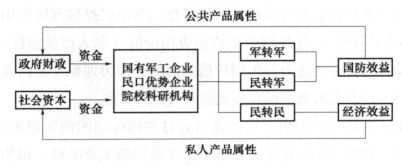

图 6 – 2　国防科技创新内在特性

二、资金供给主体与资金需求主体之间的金融交易结构

在开展国防科技创新的整个过程中，从基础研究到产业化的整个链条形成国防科技创新的创新连续谱。在这个连续谱的脉络上，从基础研究到最后产业化的过程是创新不确定性不断降低的过程，与不同投资主体的选择偏好进行匹配，形成相应的金融交易结构。政策性金融主要与基础研究和应用研究相互匹配，而商业性金融主要与应用研究和科技成果产业化相互匹配。在企业主体从种子期到成熟期的整个发展阶段中，企业发展的不确定性不断降低，风险与收益递减，天使投资和风险投资主要匹配企业初期发展阶段，私募股权投资和银行贷款主要匹配企业成长成熟阶段。

政府作用与市场作用共同影响国防科技创新过程中的企业主体与投资主体的金融交易结构。市场作用下的影响机制，体现为企业主体开展国防科技创新风险与收益的特性与相应投资主体的选择偏好相互匹配。政府作用的发挥无法改变这种金融交易的规律，而要嵌入这种金融交易的规律之中才能发挥作用。政府作用的发挥主要有两个方面：一是通过相应的制度改革，推动国防科技创新的企业主体进入金融交易之中，如国有军工企业的投资主体多元化进程和军工科研院所转制为企业的改革工作；二是通过相应的制度政策降低投资主体的投资风险，或是与投资主体共同分担投资风险，使企业主体与投资主体之间能够达成更多金融交易。如创立产业引导投资资金，与相应的风险投资主体、私人投资主体一起为军民创新主体提供资金供给支持，降低单个主体进行资金投入的风险；为鼓励风险投资的发展制定相应的激励政策，对风险投资机构的投资决策进行相应比例的配套补贴；对银行贷款进行相应的补贴，与担保机构进行合作；为使得企业更好获得融资，对企业实行税务增信和军工订单增信的方式。

国防科技创新的企业主体分为国有军工企业和"民参军"企业。商业信用、银行信用和证券信用等共同组成军民创新主体的信用结构。军民创新主体的信用结构决定着军民创新主体的"流动性"和"履约评价"。资金需求主体获得资金供给主体支持的可能性和资金量，与资金需求主体的流行性风险呈负相关关系，与资金需求主体的履约率呈正相关关系，这也是中小企业容易落入融资风险和融资信用困境的重要缘由。加上政府信用这个层面，国有军工企业获得政府的信用更多，更能获得资金供给主体的青睐和支持。在推动军民科技创新发展中，中小型创新企业在颠覆性创新、破坏性创新、革命性创新中有自身的作用与优势，这种高创新溢价的爆发性属性更易吸引风险投资机构，而非银行投资机构的注资。以政府来说，提供颠覆性创新的国防采购市场，政策性资金的流向会为中小型企创新企业传递信号，提升中小型企创新企业的增长价值认知度，更容易带来风险投资机构的注资。政府起着发掘优势中小型企创新企业的作用，同时政府与风险投资机构共同进行资金注入则承担着风险共担的作用。在企业投资当中，信誉好的大型风险投资机构的注资能够发挥很好的信号显示作用，以政府来说，作为资金的出资方，也可以看作是投资机构，呈现很好的信号显示效应，使国防科技创新领域真正成为风险投资机构、商业银行偏好类型优选的投资领域。资金供给主体与资金需求主体之间的金融交易结构具体如图 6–3 所示。

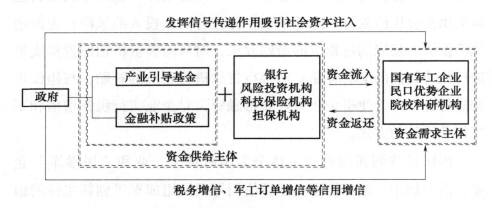

图 6–3　资金供给主体与资金需求主体之间的金融交易结构

三、国家金融和军工投融资政策制度

国防科技创新发展带来的收益关乎国家宏观国防实力与经济实力的增长前景，是政府部门推动相应政策制度改革和创新的重要动力，促进政策制度与国防科技创新发展的要求相匹配。国防科技创新活动涉及军地创新主体、多个创新要素，与一般竞争性产业部门的管理体制和资金需求特点不同，单一通过政府的作用机制或是市场的作用机制难以满足相应的资金需求，需要政府机制和市场机制共同作用的政策制度设计。

一是军工投融资政策制度设计。新中国成立之初，我国国防科技工业形成军民分割的"二元体制结构"，建设模式主要采取国家财政注资，企业产权为国家所有，资金使用效率不高。随着中国特色社会主义市场经济的不断深入展开，单一的财政资金来源已不适应国有军工企业创新发展的需求，迫切要求相应的政策制度改革，拓展多元化的资金来源。2007 年，国家相关管理部门联合出台或单独出台了拓展国有军工企业多元化资金来源的多个政策制度文件，着力打破行业、军民及所有制界限，推动国有军工企业的市场化发展与军工业务的社会化配套，引导和带动经济社会发展领域各资金供给主体参与到发展军工产业链的进程中。2012 年，国防科工局、原总装备部发布《关于鼓励和引导民间资本进入国防科技工业领域的实施意见》，明确规定了经济社会发展领域的资金供给主体参与国防科技创新发展的领域和范围，加快拓展国有军工企业多元化资金来源的步伐。国有军工企业作为资金需求主体得到了资本市场、基金管理机构等多元资金供给方式的支持，同时也为多元资金供给主体提供了相应的资本收益。

二是科技金融政策制度设计。科技金融的发展模式是政府机制和市场机制的共同作用，政府作用的重要方式之一便是运用科技金融政策引导多元资金供给主体的参与。中央政府层面和地方政府层面科技金融政策的不断深入完善，为军民科技协同创新网络资金供给主体与资金需求主体之间的资金流动循环提供有力支撑，提升两者金融交易的数量和规模，降低两者的金融交易成本。1985 年，《中共中央关于科学技术体制改革的决定》与《关于积极开展科技信贷的联合通知》出台，以这两份政策文件的发布为标志，我国着力拓展企业等资金需求主体的资金支持渠道，开启了以政策引导科技金融发展的模式[87]。2010 年，科技部联合多个政府金融管理部门，启动科技创新发展与金融发展有机结合的试点工作，选择科技资源、产业资源和金融资源三者密集的多个地区开展先行先试，创新资金需求主体与资金供给主体之间的金融交易结构。2015 年，武汉城市圈作为国内首个科技金融改革创新试验区，在科技金融的组织体系、产品和服务体系以及相关的金融市场体系等方面进行建设和创新。通过一系列促进科技金融发展的政策举措，我国多个区域形成了匹配当地科技和产业资源优势的科技金融发展模式，军民科技协同创新网络资金链运行的政策制度环境得到不断改善。

四、企业金融信用体系建设

健全完善的企业金融信用体系建设能够营造良好的金融交易环境，是推动军民科技协同创新网络资金供给主体与资金需求主体有效对接的重要保障。信用缺失的金融市场交易秩序，不仅大大增加资金供给主体与资金需求主体之间的交易成本，还会造成金融交易市场的风险不断累积，造成整个金融行业发展的稳定性减弱，使两个主体之间的资金流动循环无法持续稳定地开展。

一是企业层面的金融信用体系建设。军民两大创新系统之间的信息不对称，体现的一个重要方面便是多元资金供给主体难以将资金配置到国有军工企业的建设发展之中。国有军工企业作为国防科技工业发展的支撑力量，通过改制上市、并购重组等方式推动军工领域投资主体多元化，吸引民间资本的力量进入，既为企业自身的成长壮大赢得了空间，又为资本市场注入了发展活力。然而，由于国有军工企业发展过程中的特殊性，长期以来，武器装备科研生产的高实力十分突出，而公司治理方面则显得有些薄弱，在上市公司的信息披露方面公开度不够，导致民间资本进入时得不到足够多的信息，投资主体多元化的效果有待提升。另外，由于国防采购对企业发展的稳定性具有相当高的要求，建设从事武器装备科研生产的企业信用信息体系尤为重要。2006 年，国家金融信用信息基础数据库的建立，为降低资金供给主体与资金需求主体之间的交易成本提供重要支撑。2016 年，信用体系网上线运行，具有防伪溯源识别、综合信用查询等多种功能，推动军民两大创新系统的信用体系建设。同时，区块链技术具有去中心化、可追溯性、信用转移等特点，可实现产业链内企业物流、数据流和资金流的一体运行，建立产业链内企业的信用分享机制，为推动企业信用体系建设提供了更为有效和安全的工具[88]。

二是区域层面的企业金融信用体系建设。在金融机构等资金供给主体与企业等资金需求主体之间开展资金交易时，离资金需求主体这一信息源的距离越小，信息传递的真实性相对就会变大，尤其是一些很难通过公开媒体获得，却对资金交易很重要的信息。在军民科技协同创新网络资金链的运行过程中，国有军工企业、民口创新企业等资金需求主体与其所在区域的政府、金融机构等资金供给主体相互之间联系较为紧密，规范和成熟的区域企业金融信用体系建设能够有效地降低企业与金融机构之间的交易成本，更大概率地避免逆向选择的情况，节约两者之间的交易时间，提升交易成功率[89]。中小企业和民营企业的融资风险和融资信用困境在于其信用水平难以由一定的信用指标表征，区域企业金融信用体系的建立完善能够提升中小企业和民营企业的信用水平，减少中小企业和民营企业的融资成本。近年来，武汉东湖示范区基于自身科技、产业、金融等方面的基础条件，通过机构奖励、业务补贴、风险补偿等途径对小微企业进行信用增信，创新以信用激励为基础的资金支持方式，提升资金供给主体与资金需求主体之间的资金交易频率，完善区域企业金融信用体系建设[90]。

第四节　协同创新网络资金链运行的路径策略

有效发挥政府金融政策与财政资金的导向作用，拓宽融资渠道，健全服务国防科技创新发展的信用机制，推动先行先试的区域政策与机构设立，构建良好融资政策环境，政府金融政策与财政资金有机嵌入金融交易结构，使得军民科技协同创新网络资金链与知识链与产业链互相作用、良好结合，形成资金链资金流动的良性循环，有力推动多元资金供给主体支持军民科技协同创新发展的效率和效能。

一、拓宽融资渠道

一是大力培育服务国防科技创新发展的金融组织体系。完善推动国防科技创新发展的金融组织形式。银行业金融机构与国防科技创新资源集聚区域结合得不够紧密，首先应在创新资源集聚区域，尤其是产学研用高度一体的区域推动金融机构的设点布点。在军民融合创新示范区、军民结合示范基地等地区，促进金融机构建立服务参与军民科技协同创新的企业和院校科研机构的金融服务机构，优先处理创新主体从事国防科技创新发展的相关业务，鼓励成立专门的事业部等相关机构。推动非银行业金融机构和相关组织服务国防科技创新发展。针对军民创新主体从事国防科技创新所需的研发设备器材往往资产数额较大的特点，推动金融租赁行业与创新主体做好对接服务，提供符合军民创新主体开展项目特点的租赁产品服务。推动政府相关科技管理部门、相关金融管理部门以及金融机构等共同合作，合作或单独成立多种形式、多种产品的相关金融服务联盟和服务平台，为参与军民科技协同创新的企业和院校科研机构提供专业化、定制化的融资产品和解决方案。

二是推动国防科技创新发展的信贷产品创新。完善国有军工企业、民口创新企业等的贷款审批机制，充分了解企业相关资金需求特点，与金融机构自身业务有效结合，建立贷款的绿色通道或是专项服务的模式，提升企业贷款的审批效率。根据参与军民科技协同创新的企业和院校科研机构的信贷需求的特点，研究设计符合创新主体贷款风险与信用机制特点的风险管理模型，使得国防科技创新发展的创新主体与提供贷款的机构形成长效的激励相容的互动，提升相关贷款的风险管理水平。推动政府财政资金、政策性金融机构与银行业、保险等金融机构开展相互合作，创新符合创新主体与金融机构相互之间风险、收益、流动性均有效匹配的交叉性金融产品，加强合作机构之间的信息交流，共同提升交叉性金融产品的风险可控水平。充分发挥政府财政资金与政策性金融机构的导向作用，支持国家重大国防科技成果集群式孵化和参与军民科技协同创新的企业开展企业并购业务和"走出去"。大力发展国防知识产权质押融资与国防专利保险工作，推动国防科技成果转化的长期持续发展。

三是完善金融政策组织协调机制。推动政府和军队相关部门建立完善国防科技成果数据库和国防科技成果集群式转化重大项目库，设立相关成果和项目推荐名单，发挥政府财政资金的引导和撬动作用，吸引银行业金融机构及其他金融机构和民间资金参与国防科技成果转化的融资需求对接，参与推动国防科技创新发展。推动地方政府科技管理有关部门建立参与军民科技协同创新的军工企业和民口创新企业的数据库，与区域相关金融机构做好对接，使得国防科技创新发展的保密性与金融机构相关业务程序有机匹配，解决相关金融机构不能开展保密业务的瓶颈。建立健全政府科技管理部门、财政部门以及金融监管相关部门的协调沟通机制，与本区域的金融机构建立良好的合作机制，使得政府机构关于参与军民科技协同创新主体的信用信息和发展情况信息与金融机构相关的信用信息和发展信息有机匹配，形成组合优势，创新符合创新主体发展特点的金融产品和服务，国防科技创新发展与金融行业的发展能够相互促进、共同发展。探索建立服务国防科技创新发展的金融服务评估体系，对区域相关创新主体与金融机构开展的合作案例和数据进行统计，形成案例库、数据库和方案集，为金融创新产品的不断调整与迭代提供参考依据。

二、健全信用机制

一是探索构建符合国防科技创新发展特性的保险服务体系。加大财政支持力度，充分发挥政府财政资金的引导作用，采用商业保险机构运作的模式，与商业财险机构设立合理的风险共担机制，促进商业保险机构与参与军民科技协同创新的企业和院校科研机构对接，开展保险产品服务，创新符合创新主体特性的保险产品。鼓励在国防科技创新资源集聚区域尤其是产学研用高度一体的区域，探索建立符合国防科技创新发展特点的保险奖补机制，对区域参与军民科技协同创新的企业等创新主体给予补贴、补偿等政策，与商业保险机构做好合作对接，促进服务国防科技创新发展的保险体系健康持续长效发展。支持相关商业保险机构设立专门服务国防科技创新发展的业务专营部门，专门研究探索创新相关保险产品，做好保险产品实际效应的记录和反馈工作，为创新主体做好全方位、定制化的定向支持。制定关于重大国防科技装备的保险机制指导意见和示范应用制度，推动由区域先行先试到全面推广的实践经验积累。推广服务国有军工企业和中小型民口创新企业的贷款担保责任保险等保险服务产品，做好相关产品的长期跟踪服务。鼓励相关商业保险机构投资主体多元化，投资主体涵盖银行业、企业、相关中介机构等，与政府相关机构形成相关联盟，形成长效合作。

二是加快建立健全促进符合国防科技创新发展特点的信用增进机制。基于国防科技创新发展的保密特性，政府可探索成立相关国有投资平台，按照市场化运作的原则，既具有投资属性，又兼具参与军民科技协同创新的国有军工企业和民口创新企业的信用信息采集功能，与金融机构相关企业信用信息数据库进行匹配对接，在军民融合示范区和军民结合示范基地等国防科技创新资源集聚地区，尤其是产学研用高度一体的地区，开展相关国有军工企业和民口创新企业的信用信息库建设工作，为相关支持国防科技创新发展的金融机构提供企业信用信息和相关评级结果，为金融机构提供相关金融产品提供基础支持。在国有军工企业和民口创新企业等创新主体的信用信息数据库建立的基础上，加大政府的财政支持力度，促进融资性担保机构对相关创新主体开展信用增进，提升创新主体的融资能力。鼓励推动区域国有军工企业和民口创新企业尤其是产业链关系紧密的企业，成立联保互助组织或协会，协会成员共同建立国防科技创新发展的联保互助基金，提升国有军工企业和民口创新企业的抗风险能力，与相关金融机构做好沟通对接，有利于专项金融服务产品的创新。充分发挥政府财政资金投入和政府相关管理机构在与商业保险机构以及相关中介机构合作中的风险分担、信用增进和信息共享的作用，综合运用保费补贴、贷款贴息等多种产品服务模式，引导和撬动相关金融机构对参与军民科技协同创新的创新主体的融资支持力度和融资服务水平。健全完善符合国防科技创新发展特点的多层次担保体系。

三、推动先行先试

一是有序推进国防科技创新发展与金融结合试点工作。开展试点工作是推进金融支持国防科技创新发展长期激励共容的重要环节。推动中央政府、地方政府和军队相关管理部门建立统筹协调机制，优先选择国防科技创新资源集聚区和金融资源集聚区两个区相互交叉的区域，开展国防科技创新发展与金融结合试点工作。如北京市，国有军工企业和民口创新企业数量均较多，相对较为均衡，技术和产业资源较为丰富，金融资源也较为丰富；深圳市以民口创新企业为主，是民口创新企业集聚发展的桥头堡，金融资源也较为丰富。开展试点工作后，进一步总结试点工作取得的效果效益以及遇到的困难瓶颈，深入研究制定相关政策措施，有力突破瓶颈，而后推广到更多国防科技创新资源集聚的地区。建立国防科技创新发展与金融结合试点工作评估机制，由于国防科技创新资源与金融资源区域分布的异质性，针对不同区域的特点开展评估论证工作。在试点工作中，鼓励地方政府成立相关国有投资机构，依托当地经济资源禀赋，开展市场化运作，与区域和跨区域金融机构一起展开深入合作，大胆尝试，同时建立好信用数据库和风险管控机制，不断创新符合资源禀赋和科技创新发展特点的金融支持模式和金融产品。

二是打造区域性国防科技创新高地。国防科技创新发展，呈现出区域集聚的特征。京津冀、成德绵、长株潭等地区国防科技创新资源丰富，在区域间产业关联紧密，同时在推动国防科技创新发展的类型上，又不太相同。针对区域国防科技创新资源禀赋的不同，以及开展国防科技创新发展的类型不同，政府财政资金做好撬动社会资金的作用和有效嵌入金融交易结构的作用，与金融资源做好有机结合，打造基于不同类型导向、不同支持模式的国防科技创新高地。各区域推动国防科技创新发展与金融结合，注重以国防知识产权集群式孵化、国家重大军民融合项目建设、军民融合协同创新平台建设等为抓手，创新体制机制、创新机构设置，以大项目作为示范引领作用，深入推进政产学研金一体有机结合，知识链、产业链、资金链和政策链有机协同。

四、构建融资政策环境

一是政府作用与市场作用有机结合。政府投入财政资金引导社会资金投资国防科技创新发展相关领域的企业及项目，以及成立相关机构或依托现有机构与金融相关机构共同构成金融信用网络时，应注重金融交易结构本身的特点特性，以及参与国防科技创新发展的企业和院所科研机构等创新主体的特点特性，加强政府财政投入资金方式的研究。强化与金融机构之间的信息共享和深入合作，使得政府财政资金能够有效改变原先金融结构风险与收益的不匹配关系，推动金融机构及相关资金投入国防科技创新发展，金融发展与国防科技创新发展相互促进。政府相关部门推动参与军民科技协同创新的企业、院校科研机构等创新主体以及金融相关部门建立长效联系，举办银企对接会等活动。

二是完善适应区域国防科技创新资源禀赋的金融支持体系。不同区域的国防科技创新资源不同，金融支持模式就有所不同。政府依托自身独有的协调优势，成立国有投资平台或是依托现有平台，采用市场化运作的模式，与参与军民科技协同创新的企业、院校科研机构等创新主体开展深入对接，了解创新主体的融资需求；与金融相关机构一起汇总国有军工企业、民口创新企业等创新主体的信用信息；与金融相关机构一起投资国防科技创新发展领域，创新金融产品，同时不断积累投资案例库，建立服务国防科技创新发展的信用数据库，完善国防科技创新发展的信用体系建设。深入研究和借鉴运用政策性银行和担保银行主导模式、"定制式"金融服务模式、行业领域专项服务模式、供应链金融服务模式等资金支持方式，促进系列金融产品创新与本区域国防科技创新资源禀赋有机匹配。

第五节　案例分析：××银行的资金支持实践

在军民科技协同创新网络资金链运行的过程中，资金的供给主体和需求主体类型均较为多元，资金供给主体包括政府财政以及相关金融机构等投资主体，资金需求主体包括国有军工企业、"民参军"企业等军民创新主体，涉及军民科技协同创新发展过程中创新研发、新兴产业孵化以及产业集聚建设等多个方面的资金流动循环，运行机制上是政府作用机制与市场作用机制之间的互动和协调。××银行作为军民创新主体的重要资金供给主体之一，采用市场化运作的方式，依托自身的信息获取优势破除资金供需主体之间的信息不对称问题，且具有资金供给的规模优势以及资金收益的跨期优势，不断创新资金支持模式推进国家相关发展战略的落地实施，长期以来深入参与到军民科技协同创新网络的资金链运行之中，并形成了优质资产质量和资金良性循环，实现了有序健康发展，是政府作用与市场作用有机结合的典型代表[91]。本节以××银行的资金支持实践为例展开相关分析。

一、银行发展定位

××银行成立于1994年，是最早一批介入和满足国家发展战略市场主体融资需求的金融机构之一。在中国特色社会主义市场经济体制不断发展的过程中，××银行不断调整自身的定位深化改革创新，通过政府作用与市场作用的有机结合，实现落实政府金融政策、引导金融资源配置效率提升的目标。经过2008年、2015年和2017年三次的职能定位调整，机构名称定为"××银行"，机构属性是有限责任公司。××银行现阶段在我国内地共有41家分行，并拥有多家子公司，子公司的业务涵盖金融、证券、租赁以及基金等领域，能够通过多种资金供给方式的组合提升对企业等军民创新主体的支持力度，其子公司的具体业务信息如表6-1所示。

表6-1 ××银行子公司信息

序号	子公司名称	成立时间	公司业务
1	××金融有限责任公司	2009年	中国注册资本额最大的人民币综合投资机构，为军民创新主体提供多元化的资金支持方式。
2	××证券股份有限公司	2010年	国内首家银证混业经营的证券机构，提供跨越资本市场与货币市场的综合金融服务。
3	××金融租赁股份有限公司	1984年	中国首批成立的租赁公司之一，为多个产业领域的军民创新主体提供全方位的租赁服务。
4	××发展基金有限公司	2015年	运用股权投资等资金支持方式，参与国家重点项目建设。

依托国家信用的有力支持，在不依靠政府补贴的情况下，保本微利，采用市场化运作的方式为国家发展战略领域的创新主体提供大额、长期、稳定的资金，与政府、社会主体等共建信用体系、拓展市场，通过良好的风险管控机制，兼顾利润回报，实现投资项目

的盈利和商业可持续性，资产规模大，是全球最大的开发性金融机构。

二、资金支持方式

在推动军民科技协同创新发展的过程中，××银行不断创新融资方式，支持军民融合产业园区建设、企业投融资、中小企业发展等，为国家国防工业基础提升和国防资产积累提供了重要支撑。

一是支持军民融合产业园区发展，形成国防科技创新的产业集聚效应。产业园区建设项目作为推动军民科技协同创新发展的重要载体，融资资金体量大，示范引领效应强，涉及政府与金融机构等多个资金供给主体的参与合作，产业园区经济的长期发展状况能够有效表征军民协同创新网络的资金链运行效益质量。××银行支持了多个区域的军民融合产业集聚发展，其与苏州工业园区的合作和互动支持具有长期性和代表性，城建项目实现了高经济价值和高社会价值，产生示范带动作用，2005 年被编入《××银行贷款城市和地区典型案例分析汇编》。地产公司与××银行签订的 37.7 亿元结构化银团贷款协议，实现了××银行银团贷款下的金融创新；中新创投与××银行签订的 5 亿元产业基金引导合同，成为××银行参与基金合作、引导产业发展的首个案例；2011 年，××银行苏州分行在苏州工业园区成立，为园区发展提供多元化的资金支持方式。××银行发挥自身资金供给的规模优势以及资金收益的跨期优势，在汇集资金供给资源的过程中承担着信号传递作用，与政府、社会主体等共建信用体系、拓展市场，探索出以产业地产的土地增值收益覆盖信贷的风险管控模式，将投资于公共产品与准公共产品的正外部性予以内化，实现了资金供给主体与资金需求主体的激励共容。1994 年至 2018 年，苏州工业园区生产总值增长 226 倍达 2570 亿元，财政收入增长 1852 倍达 730 亿元，多次获国家级经开区综合考评第一。

二是采用多种方式扶持创新型中小企业发展，推动企业信用体系建设。创新型中小企业在推动军民科技协同创新发展的过程中，发挥着激发国防科技创新活力、调整国防科技工业产业结构的重要作用，但因信用机制不健全、企业信息不对称、担保难度大等原因，受到资金供给主体支持的可能性和资金量相对较小。××银行发挥融资规模优势、信息优势以及与政府的合作优势，整合资金资源、信用信息资源，不断创新企业融资支持方式，破解创新型中小企业的融资风险和融资信用困境，形成了一套完备的长效业务运行体系。例如，××银行与政府相关部门创新担保融资模式，以"抱团增信"的方式提升资金供需主体之间的资金交易频率和交易规模。该融资模式的核心是将区域担保公司的信用整合起来，实施信用增进，实现资金需求主体、资金供给主体和信用担保平台等三方的风险共担和激励共容。从 2007 年初到 2010 年 9 月 3 年多的时间里，××银行浙江分行累计向 840 多家小企业发放小企业成长贷款 154235 万元。由于构建了良好的信用担保体系，累计回收贷款 79100 万元，无一逾期[92]。

三是不断创新融资方式方法，赋能军民科技协同创新发展。××银行作为重要的资金供给主体之一，贯彻落实推动科技创新发展的金融政策，多年来持续积极支持军民科技协同创新发展的重点领域和重点项目，资金的支持方式包括中长期低息贷款、债券、投资等，2016 年推进投贷联动试点工作，在多个区域以投贷联动的方式开展对科创企业的支持，提升科创企业的金融供给总量，优化金融供给结构。投贷联动的方式发挥银行投资项目来源多的优势，以投资收益对冲贷款风险，实现覆盖军民创新主体发展各阶段的资金供给支持。与 5 个科技资源、产业资源和金融资源密集的区域签订相关合作协议，推动投贷联动模式的实施落地。例如，××银行陕西省分行成立科技金融处，专门负责投贷联动工作，与政府相关部门签署投贷联动合作框架协议，建立科创企业及项目储备库。自 2017 年 3 月份成立以来，支持了 10 家创新型企业的发展，累计投贷总额达 4 亿多元，实现"票据贴现 + 再贴现"的军民融合供应链票据融资产品落地，在军民科技协同创新领域共投放贷款 171.62 亿元[93]。

在 2009 年至 2018 年的 10 年间，××银行的不良贷款率虽有波动，但均处在小于 1% 的范围，形成了优质资产质量和资金良性循环，处于国际一流水平；贷款拨备率总体处于上升趋势，风险抵补能力处在行业前列地位。资产规模不断增长，2018 年达到 16.18 万亿元，是 10 年前的 3.5 倍左右，平均股东收益率为 10%，符合政策性银行保本微利的特征，处于稳健性经营状态[94]。具体如表 6 - 2 所示。

表 6 - 2　××银行资产数据

单位：人民币 1 万亿元或百分比

项目	年份									
	2018	2017	2016	2015	2014	2013	2012	2011	2010	2009
总资产	16.18	15.96	14.34	12.62	10.32	8.20	7.52	6.25	5.11	4.54
贷款余额	11.68	11.04	10.32	9.21	7.94	7.15	6.42	5.53	4.51	3.71
不良贷款率	0.92%	0.70%	0.88%	0.81%	0.65%	0.48%	0.30%	0.40%	0.68%	0.94%
贷款拨备率	4.37%	3.57%	4.11%	3.71%	3.43%	3.05%	2.82%	2.22%	2.09%	2.01%
平均资产收益率	0.70%	0.75%	0.81%	0.90%	1.06%	1.02%	0.92%	0.80%	0.77%	0.76%
平均股东权益收益率	8.82%	9.45%	9.82%	11.74%	15.63%	14.82%	13.37%	10.76%	9.49%	8.76%

数据来源：××银行 2009—2018 年报

三、资金循环机理

××银行拥有与企业等军民创新主体开展良性互动的丰富实践经验。根据蓝海战略理论，要以未来视角和前瞻性思维拓展新的市场价值，获得更大的投资回报。××银行较早介入和贯彻落实新的国家发展战略、金融政策，并参与国家发展战略区域规划的制定，能够有效实行拓展融资市场新边界的蓝海战略[95]。国防科技创新不仅提供国防应用价值（公共产品属性），还能够带来商业应用价值（私人产品属性），释放高质量发展的新动能，产生巨大的经济增长效益，带来新的蓝海市场。××银行紧跟国家和地区发展战略规划，与政府等相关部门共同参与推动军民科技协同创新发展规划计划，向国防科技创新的关键薄弱环节提供大额、长期、稳定的资金，形成了长期蓝海战略，实现了长期超额利润。

推动国防科技创新发展的资金需求量大，且短期带来高增长经济利益的可能性相对较小，更体现为中长期的高增长经济利益，需要具有融资规模优势且具有良好协调功能的金融机构来牵头组织。××银行能够提供大额、长期、稳定、低息的资金需求，具有规模优势，同时与政府长期合作形成了良好的政府关系，且长期服务国家发展战略，拥有大量的产业客户资源。××银行在投入资金支持军民科技协同创新发展的过程中，支持的是国家军民融合发展和创新驱动发展所聚焦的领域，能够有效发挥自身的融资规模优势、与政府合作优势和带动社会资金的优势。承担信号传递作用汇集资金供给资源，与多元资金供给主体共建信用体系，成为资金供给主体与资金需求主体之间的资金交易桥梁和重要参与者[96]。

另外，××银行在支持军民创新主体发展的过程中，注重建立与政府、企业、银行、担保机构之间的风险共担和利益补偿机制。

无论是支持创新型中小企业发展的过程中将区域担保公司的信用整合起来，实现资金需求主体、资金供给主体和信用担保平台等三方的风险共担和激励共容，还是在试行投贷联动支持军民融合企业发展的过程中与融资担保公司一起建立"投贷保"合作机制，以及支持军民融合产业园区发展的过程中建立的风险管控机制，都是以良好的风险共担机制来实现整合市场资金资源、动员资金供给主体的开发性金融功能的。与政府、金融机构、创新型企业等共同构建信用体系建设，将风险管控机制贯彻于项目开发、评审、贷款、本息还款等信贷的全过程，实现了自身资金流动循环的良性、可持续发展与军民创新主体良好经济增长前景的激励共容。

在军民科技协同创新网络资金链运行的过程中，政府与银行、风险投资机构等创新主体共建资金供给体系与金融信用体系，其中，政府与开发性金融机构等发挥信号传递的作用整合吸引金融资源，实现资金供给主体与资金需求主体之间的良性资金循环，国防科技创新的公共产品属性和私人产品属性得以有效体现。

第 七 章

三链互动的军民科技协同创新
网络区域发展模式

军民融合创新制度体系的不断完善，为区域军民科技协同创新网络的建设运行提供了发展基础和方向。同时，区域创新资源的不同禀赋形成了不同类型的军民科技协同创新网络发展模式。

第一节　协同创新网络区域发展模式类型

一、区域发展模式的分析维度

国防工业基础作为国家工业基础的重要组成部分，其发展根植于国家工业基础之上。推动军民科技协同创新发展，便是摆脱国防工业原先的路径依赖发展模式，进行新的路径创造，形成军民科技协同创新网络。国家中央部委部门认定的国家高技术产业基地、国家级军民结合产业基地、全面创新改革试验区之间具有高度的重合性，高新技术创新发展的地区是推动军民科技协同创新发展的深厚土壤。同时，军民科技协同创新网络的建设运行为高新技术创新发展提供新动能、新增量。在推动军民科技创新发展的创新政策制度贯彻落实的过程中，军民融合发展与创新驱动发展等国家战略汇成合力，如《国务院办公厅关于推广支持创新相关改革举措的通知》（国办发〔2017〕80号）的文件指示中，在8个全面创新改革试验区域内推广13项改革举措，其中3项改革举措为军民融合创新领域，其余10项也与军民科技协同创新发展紧密相关。这些政策举措作用于区域的资源要素禀赋与要素互动链条，不同区域呈现出不同的发展模式。

区域发展模式与资源要素禀赋和要素互动链条之间的关系，是区域发展模式研究的重要方面。涂成林深入分析了国内4个城市的区域创新模式，提出知识创新主体、产业创新主体（企业）、政府以及综合型（官产学研）4类为区域创新模式的主导因素。郭立伟[97]以新能源产业集群作为研究对象，在研究发展模式时分为了初期阶段和发展阶段，初期阶段的主导因素为市场和政府2种，发展阶段的主导因素主要为产业链（供应链）、技术创新链和制度3种。曾刚等以区域经济发展模式作为研究对象，分析了要素（资源和人力资本）、制度（政府和市场）、关系（内生型和外生型）3个维度组合形成的8种模式。彭春丽、李湘黔[98]以军民融合区域创新网络作为研究对象，分析了演化动因，分为技术创新（内在动因）、市场需求（外在动因）、交易成本（直接动力）3个因素。蒋浩[99]主要从资源优势的角度对我国区域军民融合模式进行了划分，分别为军工重镇型、研发基地型和民企发达型3类。

这些学者在分析区域发展模式的过程中，均提到了技术、资金等要素在区域发展模式中的主导作用，以及政府作用与市场作用相结合对区域发展模式的塑造机理。推动军民科技协同创新发展，是政府实施军民融合战略与区域创新禀赋之间不断互动作用的过程。

知识、资金、人才、信息等要素以及政府与市场的主导作用核心还是体现在对知识链、产业链、资金链组织模式的塑造上，具体如图 7 - 1 所示。政府通过制定相应的政策举措，使得区域知识链、产业链、资金链等协同创新链条发生变化，区域分工进一步深化产生报酬递增，形成有效发挥区域创新资源禀赋的协同创新网络。本书分析的维度是在推动军民科技协同创新网络发展的过程中，知识链、产业链以及资金链之间如何互动作用形成发展的主导力和驱动力。

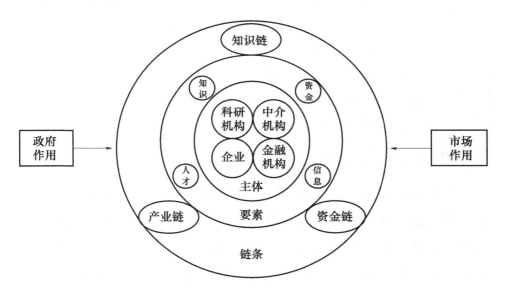

图 7 - 1　协同创新网络"主体—要素—链条"三维度主导作用

二、区域发展模式的类型区分

在推动区域军民科技协同创新发展的过程中，根据知识链、产业链与资金链分别在其中发挥的主导力和驱动力作用，将其划分"知识链—产业链—资金链"单个创新链条主导类型、两个创新链条的组合主导类型以及三个创新链条共同发挥作用的主导类型。具体包括知识链单一主导型、产业链单一主导型、资金链单一主导型、"知识链—产业链"互补牵引主导型、"知识链—资金链"互补牵引主导型、"产业链—资金链"互补牵引主导型、"知识链—产业链—资金链"三链耦合综合型7种军民科技协同创新网络区域发展模式类型，划分标准如表7-1所示。

表7-1　军民科技协同创新网络区域发展模式类型

区域发展模式类型	知识链	产业链	资金链
知识链单一主导型	√		
产业链单一主导型		√	
资金链单一主导型			√
"知识链—产业链"互补牵引主导型	√	√	
"知识链—资金链"互补牵引主导型	√		√
"产业链—资金链"互补牵引主导型		√	√
"知识链—产业链—资金链"三链耦合综合型	√	√	√

产业链发展是军民科技协同创网络的主体力量和实现基础，知识链组织知识协同的成果以及资金链在产业资本循环的过程积累的成果都通过产业的增长来有效体现。绵阳市、中关村、深圳市3个区域产业链优势明显，在区域发展的过程中产业链均发挥了主导性优势，在创新资源禀赋方面，分别为军口创新资源丰富而民口创新资源相对较弱、军口创新资源和民口创新资源均相对丰富、民口创新资源丰富而军口创新资源相对较弱，形成了产业链单一主导型、"知识链—产业链—资金链"三链耦合综合型与"产业链—资金链"互补牵引主导型3种不同的协同创新网络发展模式，具有较强的代表性。下面对绵阳市、中关村、深圳市3个区域的军民科技协同创新网络发展实践展开分析。

第二节　绵阳市发展模式：产业链单一主导型

一、绵阳市军工产业链催生协同创新网络的发展态势

绵阳市国防军工资源基础雄厚，不仅是国家重要的国防科研重镇，也是国家推动军民科技协同创新发展的重要区域，是西南区域发展的创新高地与科技高地。为把绵阳国防科技创新的资源优势转化为区域经济发展和产业发展的持续动力，党中央、国务院早在2000年就将绵阳作为试点建设成为国家级科技城，使绵阳成为国家西部大开发战略的功能性载体之一。"一五"时期，绵阳形成以长虹机器厂为代表的军工电子产业基础；"三线建设"时期，国家在绵阳布局了以中国工程物理研究院为代表的一批国防科研院所。后经军转民时期、军民融合时期的不断发展，绵阳已成为国家军民科技协同创新典型城市以及国家国防科技产业布局的重要组成部分。

一是"军转民用"效应不断凸显。在国防军工的产业链中，绵阳拥有整机和分系统的军工科研生产单位和一批拥有军工资质的优势民口创新企业，军工科研生产单位和优势民口创新企业组成创新合作网络，创新资源不断流动，打通国防科技创新发展过程中军用技术与民用技术相互融合发展的关键环节，构建出军民良性互动的创新格局。经过半个多世纪的融合发展道路，已探索形成"院所自转""军工自转""院企联转""民企参军"4种创新发展模式。在"院所自转"模式下，中国工程物理研究院、中国兵器装备集团58所等国防科研机构，推动自身积累的国防科技创新成果集中转化孵化，其科技优势逐步向民用领域释放，形成了银海软件、维博电子

等一批"军转民"示范企业。银海软件在社保系统软件领域占据国内市场核心地位。2014年，中国工程物理研究院通过产业孵化形成的"军转民"企业收入超50亿元。在"军工自转"模式下，长虹集团和九洲集团在国家推动"军转民"时期，便迈出了利用军工技术优势开发民用产品的探索步伐，利用民品销量收入反哺军品科研生产，取得了良好的效果，两家企业在全国电子信息产业领域具备持续的竞争力和行业领导地位。

二是国防军工产业与金融产业两者融合发展深度推进。金融发展与国防军工产业发展互为依托、相辅相成，是经济发展中两个具有巨大增长活力的生产要素。推动国防军工发展的金融融资模式从财政拨款为主导迈向多元化金融支持体系，促进金融产业与国防军工产业的有机融合，是绵阳市近年来着力发展的重要方面，且取得了一系列的有力进展和阶段性成效。2015年，绵阳市探索出"核心企业带动供应链中小微企业融资"模式，在中小企业融资方面，建立企业贷款风险补偿机制，设立了企业应急转贷资金，向企业发放17.4亿元。同时，绵阳市中心支行、绵阳市保险行业等金融机构针对军民科技协同创新发展的特点和各军民创新主体的资金需求，创新开发出了"票据通""军融保"等资金供给模式。另外，绵阳市注重发挥信用担保体系的作用，依托地方担保公司组建的全国首家军民融合融资担保公司，为军民创新主体累计提供了8500万元担保。

三是国防军工产业对区域产业转型升级的带动效应不断深入。产业集聚是推动区域转型升级的重要抓手，通过汇聚区域内或是引进外区域的知识资源、产业资源和金融资源，形成科技创新的密集区，提升区域产业竞争力和优化区域产业结构。绵阳市依托自身国防军工产业的雄厚基础，发挥核技术应用、空气动力、北斗导航等军民两用技术资源的创新引领效应，不断孵化培育形成创新产业集群，构建了以军民融合为鲜明特色的现代产业发展体系。根据绵阳发布的统计数据，2017年，全市军民融合企业产值占战略性新兴产业产值的65.5%，占全市工业总产值的比重超过一半，有力发挥了国防科技创新的引领带动作用，推动产业升级优化，并吸引了国内军民创新主体入驻绵阳科技城。其中，电子信息产业领域在整个军民融合产业发展中占据最大比重，成为千亿级别的创新产业集群，同时北斗导航产业年增长达3倍以上，为区域发展持续培育新动能。在推动绵阳市十大军民融合产业园培育"梧桐计划"的实施进程中，一大批推动军民科技协同创新发展的产业项目接连落地，在绵阳科技城"一核三区多园"的创新产业平台中发挥愈发重要的作用。

二、绵阳市推动形成协同创新网络的模式路径

推动军民科技协同创新网络系统性运行效率的提升，既有知识链、产业链、资金链三个链条本身军民创新资源之间的联合，又有三个链条之间的紧密连接。绵阳市依托自身国防军工资源的雄厚基础，以系统性思维的政策创新来推动国防军工资源带动民用资源式的军民科技协同创新，提升军民科技协同创新的政策软环境质量，进而带动区域政策软环境质量的同步提升。政策创新主要包括建立国家军民两用技术交易中心、金融政策制度、"国—省—市"三级政策平台和产学研用一体体系四个方面。

一是建立技术交易中心推动知识链、产业链、资金链三链连接。2016年5月，科技部在绵阳设立的国家军民两用技术交易中心，是唯一的国家级军民两用技术交易平台。该技术交易中心建立形成了军民两用技术成果库、专家库、企业库等基础数据库，推动开展技术成果遴选、评估、反馈、交易担保等完整链条式的技术交易服务，破解军地信息不对称难题，能够有效推动国有军工企业、

"民参军"企业、院校科研机构、金融机构等创新主体之间的资源对接。军民两用技术交易平台的技术交易合同数、交易额及主要流向反映了区域军民两用技术资源的流动性和丰富性程度。绵阳军民两用技术资源丰富，而后带来较大的技术交易市场规模，推进区域技术资源和金融资源之间的有效对接，具有良好的辐射带动效应。同时，推动国家军民两用技术交易中心在其他区域开设分中心，已建成河北、山东、广东、泉州、成都、重庆6个分中心。

二是政府和金融机构共同推动金融政策制度创新。由于国防军工产业本身的保密属性以及其产业发展的公共产品属性和私人产品属性两者的融合，金融支持军民科技协同创新的发展需要政府部门与金融部门、产业部门的共同协调合作，才能有力促进政府机制和市场机制的有机结合。《绵阳市实施财政金融互动和支持企业直接融资财政政策的意见》等金融支持军民两用产业发展的政策文件的出台，能够推动财政系统与金融系统的有机联动，提升金融支持产业发展的效率和质量。在政府与金融相关机构开展产业领域专项服务产品创新方面，相继成立全国首批的3家军民融合金融服务中心、全国首家军民融合科技支行等服务军民科技协同创新发展的金融机构，涵盖了银行、证券、基金等多个金融领域，形成了直接金融服务与间接金融服务相结合、政府信用嵌入金融交易结构的多层次金融服务体系。同时，绵阳市推动企业征信体系的建设，打通政府、企业、税务、银行四方的信用信息连接，搭建"税鑫融"财税资综合服务平台。

三是构建"国—省—市"三级有机结合的政策制度体系。区域政策制度软环境建设是国家政策、省级政策、市级政策的共同合力。绵阳拥有深厚的军工资源和科技产业发展资源基础，作为先行先试被四川列入推行全面创新改革试验的重点区域，着力开展军民科技协同创新先行先试的探索实践，推动相关机制、模式和载体的创新。获准执行国家自主创新示范区先行先试政策后，四川省政府赋予了绵阳科技城 19 项省级经济管理权限。市级层面，绵阳制定了 30 余个配套文件，涵盖产业发展、成果转化、财政金融等多个方面，形成了国家、省、市三级联动的政策平台体系，成为国家政策和省级政策贯彻落实的先行"试验田"。2017 年，在国家全面创新改革实验的首批 13 条经验推广中，涉及军民科研设施整合共享、应收账款融资的 2 条由绵阳市率先推广。2018 年，四川省推广的 21 项创新改革经验中，军民融合创新方面的制度性改革经验均由绵阳推动。制定印发《绵阳市军民融合企业（单位）认定管理办法》，使得政策制度能够更加精准地支持军民创新主体。

四是打造军地产学研用一体化运行体系。该体系的建成可分为 6 个部分。其一是推动建立产业联盟。2016 年，由绵阳九洲集团组织发起，连同航空航天、核、电子、兵器装备等多领域的 58 家单位组建产业联盟，破除行业壁垒，促进多领域、跨行业的创新资源对接。其二是搭建产业孵化平台。到目前为止，绵阳已建成国家级科技企业孵化器 5 家，孵化器总数 40 家，拥有 35 个科技公共服务机构或平台。其三是成立军民融合智库。在省委的大力支持下，组建了四川省军民融合研究院。其四是建立完善军地联席会议制度，促进军地部门联合开展创新活动，构建良性互动、协同发展的军地交流机制。其五是注重军民融合人才梯队建设。西南科技大学在绵阳科技城设立国防科技学院，并设置 6 个军工专业。其六是组建军民融合标准创新中心。由中国电子科技集团公司第九研究所、四川省标准化研究院、绵阳市产品质量监督检验所、西磁磁业等单位共同发起，成立全国首家磁性材料领域的军民融合标准创新中心。通过军民通用标准制定，促进新兴产业领域的军民技术共享，成为一大关键突破点。

三、产业链单一主导型协同创新网络的前景优势

绵阳市因国家国防战略布局的需要，是"三线建设"的代表区域之一，成为国防科技创新资源密集的区域之一，其国防科技创新所产生的经济新动能成为区域经济发展的核心组成部分。国防科技工业布局相关的企业和科研主体，通过承担军工科研生产任务和探索商业市场实现自身创新竞争力的持续发展，创新主体的发展战略与国家国防安全形势和经济形势的变化形成"战略与环境"的良好互动。绵阳市在军民科技协同创新网络形成的过程中，主要围绕国防科技创新的资源优势展开建设。得益于军民技术交叉融合的科技发展趋势和国家推动军民融合的战略政策的推进，军工企业的创新能力优势不断吸引民口创新企业和院校科研机构等开展创新合作，军民两大创新系统人才、技术等资源流动的效率越来越高，交易成本越来越低，创新网络效应不断凸显。

其中具有代表性的创新网络核心关键节点有长虹集团和四川九洲电器集团，两者同属绵阳地方控股的大型电子企业集团，在2019 年电子信息百强企业名单（表 7 - 2）中，分别位列第 7 位和第 41 位。两家企业通过自身的长久发展的军民融合探索实践，研发出一大批先进的军民两用科技产品，形成了军工经济与商业市场良好互动补给的格局。这也是两家企业在军品市场和民品市场的波动下能够赢得持久竞争力的原因。

表 7 - 2　2013—2019 年电子信息百强企业名单排名

企业	年份						
	2019	2018	2017	2016	2015	2014	2013
长虹	7	6	6	6	6	7	7
九洲	41	41	30	28	24	20	26

数据来源：电子信息产业网官方网站和相关新闻报道

　　长虹集团前身为长虹机器厂，是我国"一五"计划期间苏联援建的重点项目。经历多次战略转型，长虹机器厂已由最初的机载火控雷达生产基地，发展为涵盖军工、电子、信息服务等多个产业领域的千亿级大型军民融合企业。2017 年，以长虹集团为试点，搭建"企业—中征平台—银行"三方直连平台，实现了资金供需主体之间资金交易方式的重要创新。长虹集团带动集团旗下长虹股份、美菱股份、长虹教育、虹信软件等大企业以及 110 家供应链企业加入中征平台。此外，还新增了九洲集团、富临精工、新晨动力等核心企业加入平台，带动 16 家供应链配套企业积极参与。国内知名企业广汽、奇瑞、美的、TCL 等也在平台中实现了复制推广。四川全省通过中征平台实现应收账款融资 1078 亿元，融资金额同比增加 569 亿元，超出 2016 年全年融资总额 334 亿元，同比增长 112%。2018 年前三季度，四川全省融资总额达 734.8 亿，中小微企业融资总额占比 50% 以上。

　　改革开放初期，国家致力于国民经济发展，推动军转民战略，以九洲电器集团为首的军工企业拉开了保军转民大幕，不断促进军民两用技术协同创新，培育了一批基于导航、空管领域的军民两用产业项目。在四川省政府的支持引导下，由九洲集团发起的产业联盟与四川省银监局、保监局联合开展银行、保险等专项对接，并与四川军民融合产业发展股权投资基金开展战略合作，围绕军民融合高技术产业、企业技术改造、军工能力专业化重组等多项工程进行股权投资，充分发挥了产业基金在军民两用技术协同创新、产业发展的"纽带"作用，更好地促进了军转民、"民参军"效应的显现，更好地帮扶了军民两用技术产业项目的落地实施。

　　产业链单一主导型协同创新网络的发展模式，是以国防军工核心企业为创新网络的核心节点，与核心节点紧密相关的产业链供应链企业、院校科研机构以及金融机构等形成产业链联盟。产业链发展带动资金链供给模式的创新，推动知识链的发展。

第三节　中关村发展模式："知识链—产业链—资金链"三链耦合综合型

一、中关村三链耦合催生协同创新网络的发展态势

中关村作为国家第一个改革创新实验区和国家自主创新示范区，是国家区域改革创新政策先行先试的试验田，拥有雄厚的高新技术产业资源，是军工集团总部集聚区、院校科研机构的集聚地。军民科技协同创新发展所需的技术资源、产业资源、金融资源丰富，国防科技创新密集区的特色为军民科技协同创新发展的实践探索提供了丰厚的土壤。2011 年，国家经济和社会发展"十二五"规划纲要指出推动军民融合式发展。2015 年，军民融合发展战略上升为国家战略，中关村作为国家首批军民融合科技创新示范基地，作为国家创新政策的先行先试基地，产业、科技、财政金融等领域的政策措施相互有机融合对接，取得了一系列军民科技协同创新的丰硕成果。

一是军民融合创新引领效应凸显。中关村的区域创新资源丰富，具体在创新研发机构和创新产出上，高水平院校科研机构集聚，原始创新的质量和数量均居于国内前列，协同创新网络的知识链资源储备在全国具有独特的优势地位。根据中关村指数 2018 报告，2017 年中关村企业发明专利授权总量和 PCT 专利申请量，相较 2016 年均取得一定幅度的增长，分别达到 1.9 万件和 3652 件。知识链上高质量和高数量的知识产权资源储备，带来具有显著优势的

产业发展效益和经济效益，在多个方面的创新产出中均有体现。一方面，创新型企业研发的高质量技术（产品）能够达到对原先国外同类技术（产品）的进口替代，或是实现全球首次的技术（产品）先进性，例如，先进特种光纤制备工艺和全球首次 5nm 碳纳米管 CMOS 器件制备。另一方面，军民两用技术的部分领域在全球处于领先位置，例如，中关村团队赢得 2018 年计算机视觉界顶级竞赛的 6 项冠军。同时，创新产出还体现在对产业发展前景的拓展上，例如中国首款嵌入式人工智能"中国芯"，在自动驾驶汽车领域拥有广阔的应用前景。

二是军民科技协同创新效应不断凸显。受制于协同创新主体的协同意愿、风险收益、知识壁垒以及协同创新政策制度环境等方面的现实障碍，军民两大创新系统基于自身发展的路径依赖处于相对分割的状态，开展军民科技协同创新的效率处于较低水平。着眼打破军民两大创新系统的相对分割状态，中关村打造了具有创新创业服务功能的中介机构，自 2017 年 7 月起，先后为 300 多家军民创新主体提供产业发展服务，培育了一批满足国防建设需要的高质量科技创新项目。同时，利用项目路演的方式为创新型企业与投资机构提供对接平台，资金对接规模约 15 亿元，取得了良好的军民科技协同创新产出效益，充分利用了国防知识产权这一无形资产的国防应用价值和商业应用价值，搭建了对接军民创新需求的线上平台，具有国防专利转化需求对接、军队需求展示、企业创新服务等多个模块，破解了军民创新主体的信息不对称瓶颈。另外，中关村示范区作为国家军民科技协同创新网络的核心节点之一，知识创新资源通过技术交易的方式向国内其他区域进行辐射，2017 年，供给国内其他区域的技术合同总额占到整体的一半以上。

三是高精尖军民两用产业集聚效应明显。着眼于国防建设科技研发和装备发展目标，符合北京 10 个高精尖产业及区域产业定位，吸引、集聚优势民口创新企业，实现知识链资源、产业链资源、资金链资源的区域集聚和资源整合，打造人工智能、北斗导航、新材料等多个军民两用产业集群，对区域经济发展产生较大的辐射带动效应。中关村智造大街着力打通军民科技协同创新网络知识链、产业链、资金链三链对接的关键节点，构建支持军民创新主体发展的产业配套服务生态体系，形成"北斗七星生态服务链"，提升具有核心创新能力的硬科技企业开展军民科技成果转移转化的效率，促进军民两用产业集聚效应的发挥。立足自身丰富的资金供给资源，创新资金供给方式，使得资金供给主体与资金需求主体形成良性的资金流动循环，孵化出一批产值爆发式增长的创新型企业，中关村示范区的企业投资效率和投资规模处于国内前列。在大数据、人工智能、集成电路等军民两用技术领域处于国内领先位置，部分细分领域的市场占有率和市场规模位于全国第一。军民科技协同创新网络的运行效率和经济效益不断提升，对区域经济发展的辐射带动作用不断增强，2018 年，中关村产业经济总量对北京市的经济贡献率相较 5 年前整整翻了一倍，达到 40% 左右。

二、中关村推动形成协同创新网络的模式路径

一是以军民融合产业园区为载体，营造军民科技协同创新生态。中关村作为国家国防科技工业产业布局的重点区域，同时又是国家原始创新资源和高技术产业资源的重要基地，在航空工业、航天工业、船舶、兵器装备等重点领域和海洋、空天、网络、生物、人工智能等新兴领域均有创新资源的有效布局，在推动军民两用资源的集聚整合中具有显著优势。注重产业集聚效应的发挥，扎实推进军民融合产业园区的整体规划，形成"一体三园"的发展布局，

各产业园区具有不同的产业资源优势和发展特色，聚集了一大批高精尖企业，盘活存量、用好增量，着力军民融合、产业孵化、高端引领、开放共享，实现多创新主体、多创新要素、多创新领域之间的互动对接融合，形成中关村军民融合特色高端产业集群和新的经济发展增长极。提升产业园区的产业服务能力，发布了第一个园区4.0 标准体系，使得政府、军口创新企业、民口创新企业、院校科研机构、科技服务机构、金融机构、人才、军队等创新主体在同一个产业共享平台上，打破军民体制之间的信息不对称和资源流动障碍，构建军民科技协同创新的良好创新创业生态，为创新型企业提供爆发式增长的环境，提升军民科技协同创新质量。

二是以开放创新模式推动军民创新需求对接。中关村拥有良好的创新创业生态，2015 年，涌现出 40 家独角兽企业，背后是创新需求、产业孵化、资金投向、政策供给的有效对接，体现出其在开放创新模式的探索中具有良好的创新生态基础。2017 年 11 月，吸引和遴选来自全国的军民创新主体参与军民融合专题赛，2018 年 6月，又进行了专题赛的项目路演，遴选出低空空域管控系统、翼盾低空管控系统、军用国产智能移动操作系统、自主可控微型背包发电机组、军事领域模拟仿真 VR/AR 应用、柔性高效太阳能电池等一批网络、人工智能、新能源产业领域的军民融合创新项目，促进了国防应用需求与创新主体科技创新能力的有机互动，并获得多家投资机构青睐，推动知识链、产业链与资金链的有效衔接。而后，中关村以开放创新模式举办了多次主题为军民融合创新的挑战赛和创新大赛，涉及广泛的产业技术领域，在大赛中取得优秀表现的科技创新项目，将会获得资本机构注资、国防应用前景拓展、项目奖励、企业宣传等多项创新服务，成为推动区域军民科技创新发展的重要途径之一。在这种模式下，参与的科技创新型企业能够更快地将自身的创新潜力转化为产业能力，实现企业发展的高成长性。其中，2017 年人工智能领域冠军旷视科技已成长为独角兽企业，2018 年参赛的知觉科技获得 17 家投资机构的青睐。网络与信息安全、通用航空与卫星应用、新材料、大数据等产业成长迅速，科技创新和产业发展的资金需求得到天使投资、创业投资等多种资金供给方式的有力支持[100]。2015 年，中国航天科工集团公司成立航天云网，着力打造中国特色工业互联网，以开放共享的模式促进创新需求方与创新供给方的互动对接，上线三年，成交 2100 余亿元，全球企业用户达 170 万[101]。

三是以军民科技协同创新服务中介机构为重要枢纽，推动知识链、产业链、资金链三链对接。中关村十分注重军民科技创新服务中介机构的建设，围绕军民融合创新，既吸纳原有的科技创新中介服务机构，同时又新建科技创新中介服务机构，形成涵盖不同类别、不同功能的科技服务体系，有力提升服务军民创新主体的能力水平。着力解决知识链、产业链、资金链三链不能有效对接的难点问题，建立协同创新孵化中心，采取"国防知识产权＋孵化器＋基金"的运营模式，推动知识创新资源、产业资源、投资资源的有机整合，实现国防科技创新成果的全链条孵化。一方面，为军民创新主体提供具有知识成果双向转化、协作创新、宣传展示、综合服务保障等基础性服务功能的中介机构。另一方面，既注重服务国有军工企业以及大型创新型企业，同时又为中小型创新型企业搭建创新创业、项目孵化、产品检测等科技创新服务中介机构，实现跨领域、跨区域的科技服务能力。同时，加强第三方军民科技协同创新服务中介机构的建设，为不同类型的创新主体提供专业的第三方科技成果评价服务，提升科技创新项目融资对接的速度，促进科技成果向国防应用价值和商业应用价值的双向拓展。另外，军民融合智库建设有序推进，蓝海长青智库建立大数据中心，涵盖 10000 多家企事业单位，打造产业服务能力新空间。

三、三链耦合综合型协同创新网络的前景优势

中关村知识创新资源丰富，对国内其他区域具有显著的知识溢出效应和辐射效应，技术交易总份额中一半以上输出到北京以外区域，同时拥有雄厚的产业资源，在人工智能、新材料、生物医药、集成电路等军民两用技术领域集聚着一批行业领军企业，还是创投机构、创业服务机构集聚区，资金供给主体丰富、资金运作模式成熟多样，知识链、产业链、资金链三链高度耦合。在推动军民科技协同创新的过程中，中关村出台的一系列先行先试政策，吸引相关技术服务的中介、军工企业及"民参军"企业等创新主体入驻，逐步实现集研发、产业化和技术平台为一体的军民科技协同创新网络。知识创新资源、产业资源、投资资源高度丰富，通过军民融合与创新驱动发展的途径，有效发挥知识创新资源、产业资源、投资资源高度丰富的资源优势，培育新兴技术、新兴产业，产生新的商业模式，引领产业经济发展的方向，是三链耦合型协同创新网络的重要优势。

原先，军民两大创新系统由于自身发展的路径依赖，处于分割的状态，国防需求和民用需求难以统筹，国防领域的科技成果产出难以进入民用领域形成辐射带动效应，民用领域的科技成果难以进入国防领域赢得更大的发展空间。开展军民科技协同创新，为军民创新主体构建一种更好的利益分配和风险分担的创新发展模式，孕育出新的产业形态、商业模式，实现国防应用前景与经济应用前景的双重拓展目标。中关村作为知识链、产业链、资金链三链耦合型的军民科技协同创新网络，从技术创新的需求源头上统筹军民需求，政府提供信息和资金的支持，为整个技术创新链条承担创新风险，在其中起着创新导向、资金导向的作用，通过知识创新、产业孵化、创业投资

的快速对接，实现对新兴技术、新兴产业的培育和孵化，产生一批引领经济发展的企业，国防科技创新的引领效应得到有效发挥。

三链耦合综合型协同创新网络能够产生效益高、发展快的商业模式，比较有代表性的商业案例便是孵化独角兽企业。独角兽企业作为经济新动能、产业发展引擎的重要组成部分，已经成为衡量区域协同创新网络整体运行效率和产出效益的重要指标之一。根据2016 年独角兽数据报告显示（图 7 - 2），相比于 2015 年，中关村独角兽数量取得大幅增长，达到 65 家，占到全国的一半，是独角兽企业的核心集聚区，数量仅低于硅谷。而且，创立三年之内成为独角兽的技术驱动型企业占比超过 1/3，保持着较高的增长速度。新晋独角兽企业 32 家，涵盖人工智能、大数据、云服务、网络安全等多个军民两用技术创新方向，具有广泛的国防应用价值和商业应用价值。中关村拥有的创新政策、创业服务、高校院所、创业投资、创业人才与科技企业等组成的创新生态系统是孵化独角兽的重要条件。随着推动军民科技协同创新发展的更加深入，聚焦人工智能、大数据、云服务等具有高成长性的军民两用技术领域，会产生越来越多的自身创新能力提升与国防应用价值拓展两者有机结合的独角兽企业，实现对新兴技术、新兴产业的培育和孵化功能。

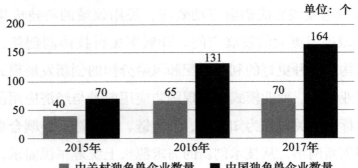

图 7 - 2　独角兽企业 2015—2017 年变化趋势

数据来源：中国独角兽官方网站和长城战略咨询官方网站

第四节　深圳市发展模式："产业链—资金链" 互补牵引主导型

一、深圳市"产业链—资金链"催生协同创新网络的 发展态势

与绵阳市与中关村相比，深圳市推动军民科技协同创新发展的时间相对较短，规模相对较小，但依托自身丰富的产业创新资源和资金供给资源，充分发挥市场化机制优势，走出了建设军民科技协同创新网络的差异化发展模式，在相对较短的发展阶段里取得了显著成效。

一是优势民口创新企业进入国防市场的步伐不断加快。由于区位因素、国际安全形势变化、历史基础等方面的原因，在国家关于国防科技工业产业布局的调整改革中，深圳市不是重点布局区域，但在发展民营经济方面具有区位优势和改革创新优势，经过多年的快速发展，创新型企业超过30000家，涌现出一批在产业技术细分领域占据行业龙头位置的创新型企业，具备优势民口创新企业参与国防市场竞争的规模、结构和机制优势。截至2014年年底，深圳市备案涉军企业140多家，相较2013年，营业收入和利润总额的增长比例均超过13%[102]。随着深圳市推动军民科技协同创新发展的一系列政策措施的落地实施，优势民口创新企业进入国防市场的步伐不断加快。以深圳南山区为例，2017年，涉足国防军工领域的备案企业达到280家左右，优势民口创新企业占据企业总数的绝大比例，现已成为国内推动军民科技协同创新发展的重要基地之一。

二是形成了具有产业集群化优势的区域经济发展体系。作为国内高新技术企业的重要集聚地之一，深圳市军民两用技术领域的创新成果丰富，在电子信息、超材料、微小卫星等领域具有国际一流的技术研发能力，拥有众多具有产业关联关系的优势民口创新企业，能够有效发挥产业集群效应，提升国防科技创新发展的创新产出对区域经济发展的贡献率。90%研发人员、90%研发机构、90%科研投入和90%专利产出，都来自企业。依托快速对接国防技术研发、国防产品生产与国防市场的能力优势，重点孵化和培育军民两用产业集群，现已初步形成以优势民口创新企业为核心、军民科技协同创新、国防科研生产快速响应等为特色的发展模式。在深圳市关于多个产业集群区的规划布局中，军民两用产业是重要发展引擎之一。

三是推动军民科技协同创新发展的典型示范不断涌现。深圳市的市场化机制优势和创新引领优势，为有效激发各军民创新主体的创造活力、激励各军民创新主体的持续参与，提供了坚实的依托。深圳光启在超材料领域具有独特优势，专利申请总量位居世界前列，从事的业务领域包括航空航天、智能光子等，在2017年建立了雄安新区首家军民融合创新平台，并与国内多个地区的政府机构达成合作协议，开展硬科技产业项目的孵化。AEE—电航空公司，依托自身在无人机领域的技术储备，瞄准国防需求中的细分领域，通过参与国防产品研发提升技术实力，在国内军警无人机领域处于行业领先位置。另外，深圳高交会等平台为民口创新企业提供企业宣传服务，促进优势民口创新企业拓展国防市场和民用市场。

二、深圳市推动形成协同创新网络的模式路径

习近平主席在中央军民融合发展委员会第二次全体会议上强调，推动军民融合发展是一个系统工程，要善于运用系统科学、系

统思维、系统方法研究解决问题[103]。深圳市运用系统化思维，制定精准化的政策措施，着力破解阻碍军民科技协同创新发展的关键瓶颈，形成军民科技协同创新网络的建设与区域产业经济的高质量发展两者良性互动、有机结合的发展格局。

一是坚持寻求差异化竞争优势，推动军民科技协同创新的可持续发展。国防市场的竞争激烈，国有军工企业集团在自身的产业技术领域拥有着丰富的积淀和相对完善的生产链条，在国防产业的存量领域里竞争难以立足且需要较高的成本，而寻求差异化竞争优势可以带来更大的国防产业技术增量，实现自身的长远发展。

深圳市立足国防市场的现有格局，促进和推动优势民口创新企业将自身独有的技术创新优势与国防需求相结合，涌现出一批在国防产业领域具有较高影响力的优势民口创新企业，且多数"参军"层次较高，形成了良好的发展效益。同时，深圳市创新机构设置，在全国副省级单列市中第一个成立组建军工处，成立我国第一家接受省国家保密局监管的军工行业协会，增强相关政策制度的保障力度。

二是运用系统化思维，促进优势民口创新企业持续参与国防科技创新。民口创新企业与国防市场的顺畅对接是建设军民科技协同创新网络整个系统中的一个方面，同时这一个方面又要打通多个链路才能实现较好的效果，需要采取一系列的政策举措。针对民口创新企业的资金支持方面，设立专项发展基金以及对研发创新的配套资金，起到激励的作用；针对民口创新企业有产品优势但难以找到国防用户的问题，通过定向技术交流会、上门服务、带队参展等方式，促进国防产品供应方与需求方的对接；针对民口创新企业对国家与本市相关政策制度不够了解的情况，通过政策学习培训班、邀请军地专家讲座的方式，提升政策支持的效果。同时，针对民口创新企业进入国防市场的途径方面，促进和推动优势民口创新企业采取直接"参军"、收购军工企业"参军"等多种方式。

三是营造良好发展生态，促进知识链、产业链、资金链三链协同。新型科研机构是推动军民科技协同创新发展的重要载体和关键枢纽之一，机制设计灵活，具有将国防科技成果快速转化为国防应用价值和商业应用价值的功能作用。深圳市加强产业经济发展关键枢纽的建设，截至 2017 年底，新型科研机构的数量达 40 余家。同时，依托自身的资金供给资源优势和便捷的资金供给渠道，丰富对军民创新主体的资金供给方式，已形成政府引导基金、资本市场、科技保险等多元化、综合性的资金供给体系[104]。另外，深圳市十分注重提升政府服务能力，推动"数字政府"建设，完善产业配套服务体系，降低推动军民科技协同创新发展过程中的交易成本，这也是吸引国内外创新主体入驻深圳市的重要原因之一。

三、"产业链—资金链"互补牵引主导型协同创新网络的前景优势

深圳产业资源丰富，作为国家战略性新兴产业的重要集聚区，拥有一批具有国际竞争力的创新型龙头企业，同时构建了多层次的科技投融资体系，为科技成果转化和科技型企业的发展提供有力的资金支持，民营经济的科技创新优势、产业基础优势和金融集聚优势为开展军民两用技术创新、承担武器装备科研生产任务提供了重要基础。随着军民两用技术创新活动的不断开展，区域内创新主体之间的创新合作不断深入，深圳市依托自身对外开放优势，提供一定的激励政策，吸引更多的军民创新主体入驻，形成了"产业链—资金链"互补牵引主导型的军民科技协同创新网络。

原先，深圳发展高新技术产业，高校和科研机构等知识创新资

源缺乏，创新源头投入与产出水平较低，主要采用引进技术与二次创新相结合的方式，跳过了基础研究这一关，将人力财力大量集中在应用研究和开发研究上，加快科技与市场的对接速度，推动科技成果转化。深圳依托自身产业链发展、资金链运行体系的优势，提供相应的配套政策，吸引到了大批国内外高校和科研机构入驻，带动了知识创新资源的积累和发展，构建知识链与产业链、资金链均衡发展的协同创新新格局。1999 年，成立深圳虚拟大学园，推动源头技术创新和科技成果转化，截至 2015 年，已聚集了清华大学、北京大学、香港大学、佐治亚理工学院、中国科学院等 63 所国内外知名院校科研机构入驻，形成源头技术创新的策源地和新型科研机构的集聚区[105]。2019 年，深圳市创新载体数量相比 5 年前增长了 1 倍左右（图 7 - 3）。新型科研机构建设有序，如中国科学院深圳先进技术研究院 2019 年专利授权 665 件，在中国科学院体系中排名第一。

单位：个

图 7 - 3　深圳市创新载体数量①

深圳民营经济的规模、结构和机制优势，具有灵活高效响应国防科技创新需求的良好基础。2018 年 3 月，全国首个国防科技创新

---

①　2015 年的深圳市创新载体数量由人民网深圳频道报道的数据估算得来，2017 年的深圳市创新载体数量由深圳商报报道的数据与深圳市 2018 年国民经济和社会发展统计公报两者估算得来。

快速响应小组在深圳启动运行。2018 年 7 月，在深圳与 14 家单位正式签订了首批项目合同，总经费 1156 万元。民营经济的创新优势为国防科技创新发展提供源源不断的创造活力，国防科技创新需求为民营经济提升科技创新实力提供支撑，形成持续激励共容的发展模式。

第 八 章

推动军民科技协同创新
网络发展的对策建议

推动军民科技协同创新发展，是贯彻落实创新驱动发展和军民深度融合发展的重要方面，其有效运行离不开政府的有力支持和创新举措。我们应深刻认识军民科技协同创新发展的内涵要求，提升协同创新网络整体效能，打通协同创新网络关键节点，推进协同创新网络体制机制创新，完善协同创新网络保障体系建设，打破军民科技协同创新发展的现实障碍，提升军民科技协同创新发展的效率效益。

第一节　提升军民科技协同创新网络整体效能

一、厘清政府在知识链、产业链和资金链中的核心作用

政府作用要有机嵌入到军民科技协同创新网络知识链、产业链和资金链等三个创新链条的运行机制中去，与国有军工企业、"民

参军"企业、金融机构等创新主体形成激励相容的格局。在军民科技协同创新网络的知识链层面，政府的功能作用主要体现在通过适度调整政府支持资金数量，调动不同类型的军民创新主体参与军民科技协同创新的积极性和创造活力，以及通过制定合理有效的奖励惩罚措施，规避军民创新主体在参与军民科技协同创新过程中的机会主义行为。在军民科技协同创新网络的产业链层面，政府的功能作用主要体现在发挥自身汇聚和协调产业资源的优势地位，与产业链中的国有大型军工企业和"民参军"优势企业共同建立协同创新平台，实现产业资源的有机整合，同时加强国防军工产业链的培育孵化，形成跨越军、民界线的分工生产网络。在军民科技协同创新网络的资金链层面，政府的功能作用主要体现在制定相应的制度政策降低投资主体的投资风险或是与投资主体共同分担投资风险，使得企业主体与投资主体之间的金融交易能够更多地达成。基于知识链、产业链和资金链三个创新链条的互动作用关系，推动科技、产业、科技金融等政策措施的联动，着力破解知识链、产业链与资金链三者之间无法有效衔接的瓶颈难点，形成运行更为高效的军民科技协同创新网络。

二、有效激发军民创新主体的参与动力

中小企业是科技创新的主力军，也是军民融合发展体系中的重要组成部分。在创新型中小企业参军方面，打破军民界限，推动军民融合信息共享，简化国防采购项目的审批流程，提升项目管理运行效率，构建公平竞争的市场环境，促进创新型中小企业在参与武器装备能力建设中创新优势和机制优势的发挥。针对军品具有批量小、需求不稳定的特点以及创新型中小企业融资难的问题，政府可搭建军民融合创新平台，发挥军地协调优势，促进"民参军"中小

企业利用国防科技的引领优势将军工科研生产订单作为提升企业科研能力和技术能力的途径，同时利用市场化优势将获得的技术能力进行转移拓展民用市场前景。同时在"民参军"中小企业发挥军工引领优势的高声誉效应撬动社会投资方面，政府可发挥引领推动作用，吸引更多的社会投资主体加入，扩展"民参军"中小企业的融资渠道，提升"民参军"企业的融资能力，形成国防采购与中小企业发展的良性互动。

三、有机整合知识创新资源、产业资源和资金供给资源

建设产业园区是提升军民科技协同创新网络运行效率效益的重要手段之一。一方面，产业园区的建设具有整合创新资源的作用，可以使区域知识创新资源、产业资源、资金供给资源三者的优势有机整合，实现更大的协同发展效能；另一方面，产业园区的集群效应具有吸引优势创新资源的作用，可以使仅拥有知识创新资源、产业资源、资金供给资源三种资源中的一种或两种资源优势的区域，吸引到自身发展所需的创新资源，如产业资源、资金供给资源等两种资源丰富的区域吸引到国内外的知识创新资源入驻，实现更大的创新产出效益。地方层面的探索实践不断发力，但有些区域单方面追求地理集聚，却未考虑到与当地知识链、产业链、资金链等创新资源的有机互动，导致对区域经济发展的贡献率不高。不同区域经济的资源禀赋和产业基础不同，比如陕西西安和四川绵阳等地军工经济优势突出，深圳和杭州等地民营经济优势明显[106]，长沙拥有显著的国防科技创新优势和"一带一部"区位优势[107]，北京则具有雄厚的知识创新资源、产业资源、资金供给资源。着力发挥区域经济的自身优势，构建交易效率高、交易成本低的产业服务体

系，吸引自身需要的优势创新资源入驻产业园区，形成产业集群化优势。

第二节　打通军民科技协同创新网络关键节点

一、促进知识链、产业链、资金链三链对接

衡量军民科技协同创新发展的程度和效果，需要建立相应的指标体系。对比世界主要国家推动军民科技协同创新发展的成效，美国排名靠前的军工企业民品产值在总产值中的占比总体小于军品占比[108]，而我国的军工企业集团民品产值在总产值中的占比总体大于军品占比，从民品占比的大小以及变化幅度来衡量，虽然直观，却难以反映不同国家国防科技工业发展历程和制度安排的异质性。从长期来看，军民科技协同创新网络的良好运转能够孵化和产生一批在产业技术细分领域具有重要地位的创新型企业，在短期和中期来看则是能够建立起有效激励各军民创新主体的军民科技成果转移转化机制，对军民创新主体保持着较高的吸引力。打通军民科技成果转化链条，既使军工企业通过国防科技成果转化获得补偿和收益，又使"民参军"企业通过进入国防市场提升自身的创新能力[109]，形成各军民创新主体激励共容的格局。制定具有有效操作性的军民科技成果转移转化政策，促进军民创新主体的创新合作，加快军民科技协同创新发展的进程。

二、健全国防知识产权相关的法律体系

一是完善鼓励发明创造的国防知识产权制度。当前的国防知识

产权的产权权益分配不合理，违背了智力财产私权性的法律原则，制约了国防知识产权的转化运用，创新主体得不到相应的权益保障，创新的积极性不高。在不违背国家利益的前提下，将国防知识产权的权能区分为保密权、征收征用权、占有权、使用权、收益权、处分权、转让权等，明确规定国防专利所有权归属单位和发明人，国家享有保密权、使用权。合理确定国家、军队、单位和发明人的收益分配比例，充分保障发明人应得的权利和收益。以此，降低国防知识产权交易的无形交易成本，促进国防知识的转化运用。

二是完善知识产权司法体系。国防知识产权作为国家知识产权的重要组成部分，解决其大规模转化运用过程中涉及的法律纠纷，需要完善的知识产权司法体系来保障。不同知识产权涉及的技术问题不同，国防知识产权又多为涉及国家战略利益的高科技领域，专业性强、案件复杂，这就需要建设一支通晓技术知识和知识产权知识的高素质知识产权审批队伍。同时需要整合完善现有的知识产权司法资源，提升现有知识产权专门法院的专业性，解决知识产权审判中的合法性依据不足、普适性范围不足和整体平衡性不足的问题，提升审判效率，有效保障国防知识产权审判案件中的公正性和专业性，以此监督、惩罚和减少国防知识产权的机会主义行为和违约行为，降低国防知识产权的交易成本，提升国防知识产权的交易效率。

三、完善国防知识产权的保密解密机制和评估体系

一是健全国防知识产权的定密与解密机制。设置专门的保密与解密机构，负责国防知识产权的保密与解密工作，每年组织科技领域专家和知识产权领域专家定期解密不再需要保密的国防知识产

权，使得具有重大产业价值和经济价值的国防知识产权在最佳交易时期内及时地得到转化应用。考虑到国防知识产权与一般知识产权相比具有更强的保密性和国家利益性，但不同类型的国防知识产权保密要求又不同，需要通过细化国防知识产权的密级设置标准，实现密级设置的有法可依。

二是完善国防知识产权的评估体系。国防专利评估是实现国防知识转化运用的基础性环节，也是对专业要求较高的环节，涉及的各方面评估因素较为复杂。国防知识产权评估涉及国防知识产权市场价值、补偿价值、许可价值等多个方面，其科学性和专业性的要求极高，关系到国有资产的保值增值。鉴于目前我国缺乏统一的国防知识管理机构，而国防知识产权的转化运用又涉及军地两方，应在政府和军队层面，整合调整相关科技管理部门的职能，建设统一权威的国防知识产权管理机构，明确国防知识产权评估的责任主体，合理优化国防知识产权评估的工作流程，指导监督国防知识产权的评估工作。

四、建设国防知识产权人才军民融合式培养模式

针对当前国防知识产权人才培养存在的培养模式不合理、规模有限、质量不高等问题，应有力依托军队教育资源和国民教育资源，完善国防知识产权人才军民融合培养模式，开展多元化多层次的培养。军队院校应充分利用自身的学科和师资优势，针对军校学员科技素养高、视野开阔的特点，构建科学的实践教学体系，努力培养专利分析师、专利评估师、专利律师等高端实务人才，为国防知识产权转化运用工作输送高层次知识产权专业化人才[110]。地方高校作为国家科技创新的重要力量，开展知识产权人才培养比军队起步早，经验多，具有较为完善的知识产权人才培养体系，应设立

国防知识产权专业，涵盖国防专利撰写、评估等课程，培养国防知识产权的本科、硕士和博士专业人才，加强国防知识产权人才培养的专业教育，以适应国防知识产权转化对应用型人才的现实需求[111]。

第三节　推进军民科技协同创新网络体制机制创新

一、在探索中寻找市场作用与政府作用的良好结合点

推动军民协同深度发展，要充分发挥市场在资源配置中的决定性作用和更好发挥政府作用。在厘清市场作用与政府作用的边界、找到市场作用与政府作用良好结合点的基础上，可以探索尝试新的军民融合创新体制机制，健全完善避免寻租及低效运行的机制。在政府性军民融合科研管理机构的组织架构、运行机制设置，以及是否成立拥有投资功能的部门方面，可以借鉴 DARPA 和 DIUx 等政府性科研管理机构的运行经验，着重关注这些部门推动军民融合创新网络的系统性运行效率。国家和军队已在多地开展利用先进商业技术为军服务的机制探索，为推动形成灵活高效的国防科技创新价值链积累经验。下一步，优化组织架构设置和运行过程，在实践中积累经验，开展案例研究和理论分析进行优化迭代，同时形成可复制的经验向更多地区进行推广，在探索中寻找市场作用与政府作用的良好结合点。

二、建立完善军民融合国防知识产权信息平台和运营机构

一是完善军民融合国防知识产权信息平台。信息共享是军民融

合国防知识产权信息平台的根本功能，解决国防知识产权在不同创新主体之间的信息不对称问题，有效降低国防知识产权交易的信息获取成本。国防知识产权信息平台的建设涉及政府和军队多个相关部门，应整合协调相关职能部门，收集、汇总、统计区域国防知识产权信息，构建分类明确、快捷准确的信息平台。2015年，国家决定以市场化方式开展知识产权运营服务试点，在推动国防知识产权的信息共享方面做了有益的探索，但离国防知识产权的大规模转化运用的要求还有一定差距[112]。

二是开展国防知识产权集中管理运营平台试点。当前，我国国防知识产权的转化运用处于初步阶段，国防知识产权的转化运营需要市场化的探索，集中管理运营的模式比个人和国家更能够节约交易成本，利于国防知识产权的转化运用。建设"公益性＋商品性"的国防知识产权管理运营平台，开展国防知识产权管理、评估和投融资工作，推动国防知识产权的转化运用，大力释放和激发科研主体活力。引导吸引金融资本和社会资本，创新科技资金投入方式，综合运用种子基金、天使投资、创业投资和产业孵化基金等方式，提高转化效率效益。政府和军队部门建立国防知识产权成果转化运用专项基金，制定适合管理运营平台建设的财税扶持政策，以财政投入的引导功能和杠杆效应撬动社会资本投入，实现财政资金的保值增值和滚动支持。

三、加大财税金融支持力度

加大财政投入力度。对于涉及军民两用科技成果转移转化的投资项目，按照项目投资强度、实际固定资产投资额度、项目建设需求、项目贡献等，分建设期和投产（经营）期两个阶段，科学测算扶持资金额度，实行总额控制、分类平衡。重大投资项目可实行

"一企一策"的扶持政策。出台促进军民两用科技成果转移转化的奖励措施，对贡献突出的企业、科研团队、个人进行奖励，充分激发创新主体的科技成果转移转化活力。

加大税收支持力度。在全面落实军民创新主体在参与军民科技协同创新过程中的税收优惠政策，提升税收事项办理效率，提升军民创新主体的资金周转速率。针对军民两用科技成果转移转化的特点，研究完善鼓励军民创新主体开展科技创新、融资发展的税收支持政策，并跟踪评估税收支持的政策效果，下一步进行相关税收政策的完善工作。

加大金融支持力度。充分发挥政府财政资金的引导作用，创新财政资金支持方式和推动国有投资机构设立，带动社会资金投向致力于军民两用科技成果转移转化的处于创业早中期阶段的创新型企业。推动政府科技管理部门、金融机构等共同合作，建设推动军民科技协同创新发展的企业金融信用体系。积极推进知识产权质押融资、产业链融资等金融产品创新。探索构建符合国防科技创新发展特性的保险服务体系和信用增进机制。

四、着力营造政府性科研管理机构的创新文化

创新是引领发展的第一动力，企业要创新，政府也要进行管理创新，为创新提供体制机制保障，营造激发各创新主体创造活力的文化氛围。高新技术创新具有高风险、高收益的特征，可依据政府性科研管理机构的战略定位、所处技术创新环节等，科学设定容忍失败度，营造宽容失败的创新氛围。勇于探索竞争性创新的模式，如众包创新模式等，并向成熟的民用商业模式借鉴学习，适应现今技术创新模式的变化和分布式创新模式的兴起，有效整合创新资源，吸引更多的创新资源参与国防武器装备能力建设。同时，建立

起完善的容错纠错机制、风险分担及风险规避机制，在宽容失败的创新氛围下，降低创新的风险，提升创新的成功率。政府在进行体制机制创新的同时，要加强科技专家库、人才库、科技企业库等数据库的建设，推动科技创新信用机制建设，完善政府决策风险的评估机制和规避机制。

第四节　完善军民科技协创新网络保障体系建设

一、健全科技征信体系和评估体系

健全科技征信体系。进一步完善国防知识产权方面的法律法规体系，制定完备的国防技术交易市场管理办法，把对国防技术交易市场的管理纳入法治化轨道。依托国家科技管理资讯系统建立严重失信行为数据库，详细记录责任主体的失信行为。在科研立项、评审专家遴选、项目管理专业机构确定、科研项目评估、科技奖励评审、间接费用核定、结余资金留用以及基地人才遴选中，将严重失信行为记录作为重要依据。促进国防技术交易市场信息交流平台和风险评级机构的建立和完善，促进国防技术供需双方之间真实有效信息的传递。把参与军民科技协同创新中的企业与科技人员信用建设纳入整个社会信用体系建设之中，建立和完善信用大数据平台和服务体系，监督和约束军口创新企业、民口创新企业与科技人员的信用行为。

健全科技评估体系。将科技成果转化成效纳入研究开发机构、高等院校的考核评价体系，建立涵盖科技成果转化的新产品、研发经费、专利产出、专利、版权、商标的许可量、许可收益等多个方面的评价体系，激发军民科技协同创新网络创新主体的成果转化动力。改革科技经费分配方式，向增强竞争机制、择优支持、优胜劣汰的方向发展，提高科技投入的使用效率。发挥好第三方科技评估在调整科技创新资源配置、提高科技创新绩效中的工具性作用，建立一个以客观数据为基础、让学界广泛参与、委托独立第三方开展评价组织工作的科学合理的科研评价体系。

二、完善质量标准体系

提高军用和民用标准体系融合度，降低参与军民科技协同创新发展的创新主体之间的交易成本。有效控制军用标准使用范围，积极推广使用民用和军民两用标准体系，推动形成开放兼容、有机融合的标准体系，有效解决军用标准与民用标准交叉重复的问题，促进军民两用科技成果转移转化、"民参军"与"军转民"等活动的开展。推动国家层面中央政府、军队协同地方政府层面共同探索建设军用民用标准公共服务平台，可在国防科技创新资源集聚的地区开展试点工作，提供军用民用标准信息检索、常见问题解答以及信息政策咨询服务等功能。拓展军用民用通用标准化工作的信息交流渠道，促进军民创新主体、中介机构等参与军用民用体系的融合发展工作，对参与的主体设计一定的奖励措施。

三、建立军民科技协同创新网络评价体系

建立科学合理的军民科技协同创新网络指标评价体系，是更好推动军民科技协同创新发展的重要支撑，也是军民深度融合发展的必然要求。依照军民科技协同创新网络的双重目标属性，既要从协同创新网络创新投入与创新产出的维度细化指标评价体系，涵盖协同创新主体能力、协同创新投入与产出效率、协同创新合作伙伴稳

定性以及协同创新制度环境等多个二级指标，又要从协同创新网络知识链、产业链、资金链等核心链条的维度出发进一步细化指标评价体系，涵盖知识链协同度、产业链协同度、资金链协同度以及知识链、产业链、资金链三链之间的协同度等多个二级指标。同时，梳理出推动军民科技协同创新网络发展的区域典型案例，为下一步进行示范推广做好准备。最终形成"指标体系—典型案例—评估反馈"的迭代优化闭环。

| 第 九 章 |

结论与展望

　　本书从军民科技协同创新网络的本体出发，聚焦国有军工企业、"民参军"企业、院校科研机构、政府、金融机构以及中介机构等创新主体，以"知识链—产业链—资金链"三个网络链条构建起军民科技协同创新网络的整体性研究框架，分析创新主体之间的相互关系与影响。得出了以下几点研究结论。

　　第一，在军民科技协同创新网络知识链的运行过程中，政府与军民创新主体共同参与知识协同的进程，会影响知识协同效果的因素主要包括协同创新主体协同意愿、协同创新主体风险收益、协同创新主体知识壁垒、协同创新政策制度环境四个方面。在政府与军口、民口创新企业的协同创新演化进程中，创新的成本和收益均对开展协同创新产生影响，同时，政府的激励政策和监督措施要同时作用，以起到更好的协同创新结果。知识协同创新产生的国防应用价值和商业应用价值能够带来国防市场和民用市场的双重拓展，而不是一般性协同创新网络对民用市场的单方面拓展。得到国家资金和国防资金的双重资金支持后，国防科技创新成果的拥有者可以采取更加多元的知识协同路径。以具有巨大国防效益和经济效益的强辐射带动效应项目为切入点，政府与军民创新主体共同承担国防科技创新的创新风险，并与创新主体共建实体机构，解决知识协同过程中的体制性障碍，能够创造出更大的军品、民品市场效益，形成多创新主体知识协同的激励共容。

第二，军民科技协同创新网络产业链的运行过程，可分为纵向演变、横向演变和网络化演变三个进程。纵向上，要素报酬分化促使军工集团纵向治理结构转型，大型军工集团会逐渐专注于核心业务的研发生产，将不具有比较优势的业务进行外包，产业链纵向组织结构从纵向一体化走向纵向分离。横向上，政府作为国防产品的唯一买方，以国防采购的方式为技术的应用发展创造市场，又具有汇聚和协调资源的优势地位，与产业链中的国有大型军工企业和"民参军"优势企业共同组建军民融合协同创新平台。网络化方面，军工集团和配套企业通过交易关系形成共生网络，摆脱"大而全""小而全"的低效率生产组织模式，形成以国有军工集团为主导，众多武器装备分承包商共同参与的控制型网络治理模式。军工企业的产业链演变过程，与国家国防科技工业产业政策和区域布局的调整、中国特色社会主义市场经济体制的不断发展、企业自身的发展目标和发展前景三者高度相关。军民融合的深入发展，促进军工企业拓展民用市场实现多元化经营战略，整合全社会优势产业资源，形成跨越军、民界限的分工生产网络。

第三，在军民科技协同创新网络资金链的运行过程中，资金供给主体与资金需求主体之间相互作用，形成资金链的资金流动循环。资金链运行的主要模式包括资本市场主导模式、银行主导模式以及政府主导的"创投"模式。当市场机制本身无法破解科技创新与金融发展之间信息成本与信用困境的矛盾，政府将自身的信用嵌入金融交易结构中去，弥补科技创新与金融发展之间的鸿沟。政府与银行、风险投资机构等创新主体共建资金供给体系与金融信用体系，其中，政府与开发性金融机构等国家相关发展战略、金融政策的贯彻执行者共同合作，发挥信号传递的作用整合吸引金融资源，使得国家发展战略区域规划能够更好地落地实施，同时有效实行拓展融资市场新边界的蓝海战略。资金供给主体与资金需求主体共同参与能够持续产生国防应用价值和商业应用价值的国防科技创新活动，实现资金供给主体与资金需求主体之间的良性资金循环，国防科技创新的公共产品属性和私人产品属性得以有效发挥。

第四，在军民科技协同创新网络区域发展模式的形成过程中，知识、资金、人才、信息等要素以及政府与市场起到主导作用，核心体现在对知识链、产业链、资金链组织模式的塑造上。政府通过制定相应的政策举措，使得区域知识链、产业链、资金链等协同创新链条发生变化，区域分工进一步深化产生报酬递增，形成有效发挥区域创新资源禀赋的协同创新网络。产业链带动资金链供给模式的创新和知识链创新资源的扩大，形成产业链单一主导型的发展模式。知识创新资源、产业资源和金融资源有机整合，培育以独角兽企业为代表的新经济发展引擎，形成了"知识链—产业链—资金链"三链耦合综合型的发展模式。产业链发展、资金链运行体系的优势带动知识链的发展，形成了"产业链—资金链"互补牵引主导型的发展模式。

下一步的研究将从以下几个方面进行改进。

一是研究框架方面，本研究以知识链、产业链和资金链构建起军民科技协同创新网络的研究框架，但研究框架下每一个核心链条的分析角度还有拓展空间，如知识链方面仅围绕知识协同以及创新主体之间的互动博弈展开研究，知识链的组织结构并未在本书的分析当中。下一步会对研究框架进一步细化，搭建起更加完善的分析层次和分析角度。

二是理论研究与案例研究融合方面，在进行知识链、产业链和资金链三个核心链条以及协同创新网络区域发展模式的案例研究时，分别选择了××大学、××军工企业、××银行、绵阳市、中关村以及深圳市作为典型代表展开分析，资料的搜集整理还不够细致，案例的数量和广度还有待拓展，与理论研究的匹配度还有待进一步深入研究。下一步会加强案例研究的调研工作，扎实推进理论研究与案例研究的相互融合。

三是研究方法方面，本研究主要以理论研究与案例研究相结合的方法展开研究，若采用量化分析和数学模型分析能拓展出更多的有效信息。下一步会增加量化分析的力度，对军民科技协同创新网络进行更加完善的分析研究。

参考文献

［1］严剑峰，刘韵琦．军民一体化的经济学基础及其实现途径
　　［J］．军民两用技术与产品，2019（08）：14－20.

［2］彭中文，刘韬，张双杰．军民融合型科技工业协同创新体系构
　　建研究——基于国际比较视角［J］．科技进步与对策，2017，
　　34（11）：102－107.

［3］刘威．基于要素共享的协同创新平台探讨军地协同创新体系
　　［J］．现代商贸工业，2017（26）：34－35.

［4］陈华雄，黄灿宏，王健，等．军民科技协同创新体系构建研究
　　［J］．军事运筹与系统工程，2019，33（03）：65－69.

［5］田庆锋，张添，张硕，等．军民科技协同创新要素融合机制研
　　究［J］．科技进步与对策，2020，37（10）：136－145.

［6］阎波，张炜．科技军民融合政策：实施逻辑与路径选择［J］．
　　上海交通大学学报（哲学社会科学版），2018，26（06）：75－82.

［7］刘丹，闫长乐．协同创新网络结构与机理研究［J］．管理世
　　界，2013（12）：1－4.

［8］陈晓和，韩啸．军民协同创新网络特征与驱动的不同模式
　　［J］．党政干部参考，2017（4）：46－47.

［9］王伟海，罗敏．军民融合创新体系的战略框架［J］．开放导
　　报，2018（04）：15－18.

［10］顾建一．建设军民融合创新示范区应把握的问题［J］．中国军转民，2018（04）：26－28.

［11］骆付婷．"要素—结构—功能"视角的军民融合创新示范区建设模式［J］．中国军转民，2018（04）：29－32.

［12］张力．产学研协同创新的战略意义和政策走向［J］．教育研究，2011（07）：20－23.

［13］陈劲．协同创新与国家科研能力建设［J］．科学学研究，2011（12）：4－5.

［14］董晓辉．军民融合产业集群协同创新的研究评述和理论框架［J］．系统科学学报，2013（04）：62－66.

［15］乔玉婷，鲍庆龙，曾立．军民融合协同创新绩效评估及影响因子研究——以长株潭地区为例［J］．科技进步与对策，2015（15）：126－130.

［16］曹路苹，李峰，滕响林，郭韬．区域军民科技协同创新生态系统的构成及优化对策研究［J］．军民两用技术与产品，2020（08）：9－15.

［17］李林，刘志华，王雨婧．区域科技协同创新绩效评价［J］．系统管理学报，2015（04）：102－107.

［18］周宾．军民融合产业技术协同创新能力影响因素分析与提升对策［J］．科技进步与对策，2015（11）：87－93.

［19］徐建中，赵伟峰，王莉静．基于博弈论的装备制造业协同创新系统主体间协同关系分析［J］．中国软科学，2014（07）：161－171.

［20］凌守兴，许应楠，仇荣国．产学研合作演化博弈模型构建及其稳定性分析［J］．统计与决策，2015（17）：56－58.

［21］李巍，花冰倩．合作博弈框架下产学研协同创新的利益分配策

略研究——社会网络分析视角［J］．商业研究，2016（09）：39－45．

［22］张健，张威，吴均．战略性新兴产业共性技术协同创新的演化博弈——三重螺旋视阈下的研究［J］．企业经济，2017（01）：43－50．

［23］李金玉，阮平南．核心企业在战略网络演化中的作用研究［J］．科技进步与对策，2010（12）：92－95．

［24］王国红，陈大鹏，刘颖．有核集群产业集成化过程的演化博弈分析［J］．科学学与科学技术管理，2010（09）：94－98．

［25］林毅夫，苏剑．新结构经济学［M］．北京：北京大学出版社，2012．

［26］苑泽明，贾玉辉，王培林．论政府风险投资及其政策作用机理：一个国际视角［J］．中国科技论坛，2018（12）：127－141．

［27］毛有佳，毛道维．科技创新网络与金融网络的链接机制——基于苏州科技金融实践［J］．社会科学研究，2012（05）：71－73．

［28］许鑫．共性技术创新过程中的政府采购政策嵌入研究［D］．黑龙江：哈尔滨工业大学，2015．

［29］常荔，邹珊刚，李顺才．基于知识链的知识扩散的影响因素研究［J］．科研管理，2001（05）：122－127．

［30］王实，顾新．知识链组织间冲突类型研究［J］．科技管理研究，2010，30（22）：203－206．

［31］王聪颖，管晓东．基于市场导向的产业集群知识协同模式研究［J］．科技进步与对策，2009，26（10）：69－71．

［32］佟泽华．知识协同及其与相关概念的关系探讨［J］．图书情报工作，2012，56（08）：107－112．

［33］程强，顾新，全力．知识链的知识协同模式研究［J］．图书

馆，2018（03）：44－48＋67.

［34］多纳德·海，德里克·莫瑞斯. 产业经济学与组织［M］. 张维迎，译. 北京：经济科学出版社，2001.

［35］曹虹剑，张建英，刘丹. 模块化分工、协同与技术创新——基于战略性新兴产业的研究［J］. 中国软科学，2015（07）：100－110.

［36］王一鸣. 集成电路芯片产业分工模式的新演进与模块化研发［J］. 科学管理研究，2019，37（03）：65－69.

［37］孙亮，李建玲，李岱松. 产业技术创新战略联盟的组织模式与政府作用［J］. 中国科技论坛，2015（03）：12－17.

［38］赵泽斌，韩楚翘，王璐琪. 国防科技产业联盟协同创新网络：结构与演化［J］. 公共管理学报，2019，16（04）：156－167＋176.

［39］油新华. 民营中小企业资金链风险的防范［J］. 企业经济，2016，35（02）：90－93.

［40］王定祥. 金融产业资本循环理论与政策研究［D］. 重庆：西南大学，2006.

［41］陈璐怡，邵珠峰，周源，等. 过程视角下军民融合科技创新体系分析框架研究［J］. 科技进步与对策，2018，35（20）：126－133.

［42］李响，郑绍钰，谷鑫. 军民融合产业集群创新网络知识流动研究［J］. 经济论坛，2016（10）：85－87＋108.

［43］姚艳虹，周惠平. 产学研协同创新中知识创造系统动力学分析［J］. 科技进步与对策，2015（4）：110－117.

［44］曾德超. 基于 SECI 模型的组织知识创造新论：第九届中国科技政策与管理学术年会论文集［C］. 济南：中国科学学与科技政策研究会，2013.

［45］华连连，张悟移．知识流动及相关概念辨析［J］．情报杂志，2010（10）：116－121.

［46］吴悦，顾新．产学研协同创新的知识协同过程研究［J］．中国科技论坛，2012（10）：17－23.

［47］严剑峰，包斐．军民融合型国家科技创新系统体系构成与运行研究［J］．科技进步与对策，2014，31（22）：89－96.

［48］旷毓君，翟晓鸣．"国防专利沉睡"之因及治理之策［J］．科技进步与对策，2014，31（23）：138－142.

［49］杨筱，李振，曾立．国防知识产权市场运营模式研究［J］．科技进步与对策，2015（13）：145－150.

［50］樊纲．有关交易成本的几个理论问题［J］．经济学动态，1992（5）：49－55.

［51］纪建强，童敏慧，旷毓君．创新驱动发展下国防专利制度面临的问题与完善［J］．科技进步与对策，2016，33（10）：105－109.

［52］冯晓青，王丽．从专门法庭到专门法院：我国知识产权司法的最新进展透析［J］．南都学坛：南阳师范学院人文社会科学学报，2015，35（3）：59－67.

［53］戚刚，曾立，李林．基于交易成本理论的国防知识产权转化研究［J］．科学管理研究，2017，35（06）：4－7.

［54］赵树宽，姜红．基于创新结构效应的产业类型划分及判定方法研究［J］．中国工业经济，2007（7）：40－46.

［55］张笑楠．战略性新兴产业政府补贴政策下政企演化博弈分析［J］．企业经济，2019，38（02）：156－160.

［56］王栋，王淑玲，谭思明，等．弗劳恩霍夫协会技术转移模式对区域技术转移的启示［J］．科技成果管理与研究，2015，（12）：11－13.

［57］杨筱.国防知识产权交易治理研究［D］.湖南：国防科学技术大学，2015.

［58］李永华.国防科大联手时代新材8年构建军民融合大闭环［J］.中国经济周刊，2016（17）：39－41.

［59］白丽芳，夏利锋，王丽梅.基于价值链视角的湖南省信息安全产业战略研究［J］.产业与科技论坛，2019，18（01）：16－18.

［60］姜鲁鸣，王碧波.国防建设与经济建设协调发展的资源均衡配置——均衡态下的国防支出增长机制研究［J］.财经研究，2007，33（3）：87－100.

［61］郁义鸿.产业链类型与产业链效率基准［J］.中国工业经济，2005（11）：35－42.

［62］郑方.从纵向一体化到纵向分离——基于对立统一关系的分析［J］.中国工业经济，2010，（11）：98－108.

［63］姚广宁.国有军工企业军民融合研究［D］.陕西：西北大学，2008.

［64］刘洋.纵向一体化理论述评［J］.华南理工大学学报：社会科学版，2002，4（1）：41－45.

［65］肯尼斯·阿罗.信息经济学［M］.北京：北京经济学院出版社，1989.

［66］尼古拉斯·沃诺塔斯.创新政策：一本实用指南［M］.宋伟，译.北京：社会科学文献出版社，2016.

［67］胡红安，周维华.共生网络组织模式与西部国防产业组织调整［J］.贵州社会科学，2010（06）：89－94.

［68］贺新闻，侯光明，王艳.军民技术转移网络：构成、形成与演化：第七届中国科技政策与管理学术年会论文集［C］.南京：中国科学学与科技政策研究会.2011.

［69］郝君超，王海燕，李哲．DARPA 科研项目组织模式及其对中国的启示［J］．科技进步与对策，2015（9）：6－9．

［70］戚刚，曾立，易凡．军民融合协同创新平台构建研究［J］．科技进步与对策，2017，34（20）：121－125．

［71］周小玲，龚新蜀．政府财政与金融市场对区域自主创新能力的影响［J］．华南农业大学学报（社会科学版），2020，19（02）：84－95．

［72］张杰．民营经济的金融困境与融资次序［J］．经济研究，2000（04）：3－10＋78．

［73］林毅夫，孙希芳，姜烨．经济发展中的最优金融结构理论初探［J］．经济研究，2009（08）：5－18．

［74］范肇臻．国防科技工业金融支持的政策设计［J］．军事经济研究，2008（05）：26－28．

［75］旷毓君，纪建强，胡庆元．金融支持之于国防科技创新［J］．军事经济研究，2014（1）：20－22．

［76］赵炫竹．关于银行业参与军民融合的研究［J］．中国市场，2018（06）：128＋130．

［77］徐晓声．民营科技企业孵化器与风险投资融合模式研究［J］．中小企业管理与科技（上旬刊），2012（02）：56－57．

［78］范肇臻．中国军工改革与发展金融支持研究［M］．北京：经济科学出版社，2008．

［79］王定祥．金融产业资本循环理论与政策研究［D］．重庆：西南大学，2006．

［80］张良，彭悦．美国资本市场支撑军工企业发展的途径与价值［J］．军事经济研究，2015（2）：78－80．

［81］沈梓鑫，贾根良．美国小企业创新风险投资系列计划及其产业

政策——兼论军民融合对我国的启示［J］．学习与探索，2018（01）：120－129．

［82］戚刚，李林．美国政府性科研管理机构推动军工科研的"风投"模式［J］．国防科技，2019，40（06）：78－82．

［83］袁成，董晓林．美国国防部国防创新试验单元［J］．国际航空，2018（3）：29－31．

［84］刘宝林，荆象新，锁兴文，等．DARPA持续推动科技创新的挑战赛模式分析［J］．科技导报，2018，36（04）：37－43．

［85］王烨，张福勇，安家康．DARPA科技创新的管理实践与经验启示研究［J］．军民两用技术与产品，2014（03）：14－17．

［86］易比一，黄世亮，雷二庆．DARPA引领国防科技创新之道［J］．科技导报，2018，36（04）：33－36．

［87］王卉彤．对我国科技金融政策的回顾与解读：以北上深为例［J］．国家治理，2019（37）：20－26．

［88］张路．区块链技术应用对产业链协同创新的作用机理［J］．学习与实践，2019（04）：16－23．

［89］寻舸，邱晓天．论制度因素对科技金融区位优势的影响［J］．科学与管理，2015，35（05）：3－7．

［90］彭星．信用体系建设助推科技金融大发展——东湖国家自主创新示范区小微企业信用体系试验区建设的实践与思考［J］．征信，2016，34（03）：47－49．

［91］孙国峰．新时代中国特色社会主义经济发展与开发性金融的使命［J］．开发性金融研究，2018，17（01）：3－10．

［92］孙莹，郑波．"抱团增信"中小企业贷款模式研究——以浙江为例［J］．上海金融，2012（12）：111－113．

［93］胡文青．发挥开发性金融优势，助力陕西科技金融发展［J］．

科技与金融，2019，18（05）：16 – 17.

［94］林春，王伟．基于财务视角对政策性银行经营效率的研究
［J］．金融发展研究，2015（11）：57 – 62.

［95］袁振华．国家开发银行核心竞争力研究［D］．湖南：中南大
学，2011.

［96］孙国峰．新时代中国特色社会主义经济发展与开发性金融的使
命［J］．开发性金融研究，2018，17（01）：3 – 10.

［97］郭立伟．新能源产业集群发展机理与模式研究［D］．浙江：
浙江大学，2014.

［98］彭春丽，李湘黔．军民融合区域创新网络研究［J］．科学管
理研究，2017，35（04）：47 – 51.

［99］蒋浩．我国发展军民融合产业成效、问题及建议［J］．中国
工程咨询，2018（03）：44 – 47.

［100］鲁瀚文，蓝定香．中关村军民融合发展模式研究［J］．中国
西部，2018（03）：89 – 98.

［101］原诗萌．航天科工：打造中国特色工业互联网［J］．国资报
告，2018（07）：72 – 75.

［102］王舒颖．深圳："创客之城"的军民融合［J］．国防科技工
业，2015（05）：36 – 40.

［103］周鸿祎，张春雨．打造军民融合的网络长城［N］．解放军
报，2018 – 5 – 22（7）.

［104］李金惠，袁永．深圳市促进科技金融发展的经验做法及启示
［J］．广东科技，2015，24（19）：42 – 46.

［105］刘字濠，赵放，曾国屏．深圳虚拟大学园创新生态系统初探
［J］．特区经济，2015（06）：9 – 14.

［106］周疆，张仲烈．保护和激发"民参军"热情——浙江省民企

和民间资本积极参与国防科技工业建设侧记［J］. 国防科技工业，2013（10）.

［107］杜家毫. 发挥"一带一部"区位优势 努力实现有效益有质量可持续发展［J］. 新湘评论，2014（5）：9－12.

［108］康斯贝，刘猛，唐塞丽. 2015年世界"军工100强"企业军品业务分析及启示［J］. 航天工业管理，2016（1）：35－39.

［109］曾立，曾力宁，戚刚，等. 营造民企"参军"的良好环境——深圳经验解析［J］. 开放导报，2018（04）：37－40.

［110］袁琼清，李振，曹德斌. 军队院校国防知识产权人才培养初探［J］. 高等教育研究学报，2014，37（3）：108－110.

［111］杜伟. 理工科高校国防知识产权应用型人才培养初探［J］. 南京理工大学学报（社会科学版），2015（6）：26－30.

［112］杨筱，曾立，杨闽湘. 国防知识产权运营市场化研究［J］. 国防科技，2016，37（5）：8－12.